▌"中国劳模"系列丛书

中国劳模

毕贤慈◎著

 吉林出版集团股份有限公司
全国百佳图书出版单位

图书在版编目（CIP）数据

数控机床上的"雕刻师"：卫建平 / 毕贤慈著.
长春：吉林出版集团股份有限公司，2024.9. --
（"中国劳模"系列丛书 / 徐强主编）. -- ISBN 978-7
-5731-5452-1

Ⅰ. K826.16

中国国家版本馆CIP数据核字第202461M543号

SHUKONG JICHUANG SHANG DE DIAOKE SHI: WEI JIANPING

数控机床上的"雕刻师"：卫建平

出 版 人　于　强
主　　编　徐　强
著　　者　毕贤慈
组稿统筹　东北师范大学文学院创意写作研究中心
责任编辑　李　鑫
装帧设计　崔成威

出　　版　吉林出版集团股份有限公司
发　　行　吉林出版集团社科图书有限公司
地　　址　吉林省长春市南关区福祉大路5788号　邮编：130118
印　　刷　唐山富达印务有限公司
电　　话　0431-81629711（总编办）
抖 音 号　吉林出版集团社科图书有限公司　37009026326

开　　本　710毫米×1000毫米　1／16
印　　张　8
字　　数　90千字
版　　次　2024年9月第1版
印　　次　2024年9月第1次印刷

书　　号　ISBN 978-7-5731-5452-1
定　　价　50.00元

如有印装质量问题，请与市场营销中心联系调换。0431-81629729

序 言

　　劳动创造财富，劳动创造幸福，劳动创造未来。习近平总书记在 2020 年全国劳动模范和先进工作者表彰大会上的讲话中指出："全社会要崇尚劳动、见贤思齐，加大对劳动模范和先进工作者的宣传力度，讲好劳模故事、讲好劳动故事、讲好工匠故事，弘扬劳动最光荣、劳动最崇高、劳动最伟大、劳动最美丽的社会风尚。"当今世界，综合国力的竞争归根到底是科技人才和高素质劳动者的竞争。改革开放以来，我们强大的工人队伍用辛勤劳动和拼搏奉献推动中国制造、中国智造、中国创造走向世界的前列，新时代的中国面貌日新月异。大力弘扬劳模精神、劳动精神、工匠精神，加强高素质技能人才队伍建设，打造一支宏大的知识型、技能型、创新型劳动者队伍是伟大时代赋予我们的历史责任。

　　劳动模范是民族的精英、人民的楷模，是共和国的功臣。自改革开放以来，广大职工勇立改革潮头，独立自主，奋发图强，勇于创新，其中涌现出一批批全国劳模和大国工匠，他们参与建设了代表中国高度、中国速度、中国深度的一系列重大工程，提升了国家实力，打造了"中国名片"，树立了"中国品牌"，增添了"中国力量"，充分释放出工人阶级的创新活力，展示出大国工匠强大的创造能力。他们以工人阶级的满腔热忱在各自平凡的工作岗位上创造了辉煌的业绩，书写了新时代的壮丽篇章。

爱岗敬业、争创一流、艰苦奋斗、勇于创新、淡泊名利、甘于奉献的劳模精神，崇尚劳动、热爱劳动、辛勤劳动、诚实劳动的劳动精神和执着专注、精益求精、一丝不苟、追求卓越的工匠精神，是广大劳动群众在社会生产实践中锤炼形成的弥足珍贵的精神财富，是工人阶级伟大品格的具体体现，是民族精神和时代精神的生动体现。民族复兴需要劳动模范，祖国强盛需要大国工匠，中国制造、中国智造、中国创造更需要大国工匠的强有力支撑。劳模、工匠等的成长故事、先进事迹中承载的劳模精神、劳动精神和工匠精神，是激励全国各族人民团结奋斗、勇往直前的强大精神力量。

"中国劳模"系列丛书，采用图文结合的方式，讲述全国劳模、大国工匠和先进工作者的成长经历及他们追梦、筑梦、圆梦的故事，用他们在平凡岗位上创造不平凡业绩的真实故事感染读者，形成劳动最光荣、劳动最崇高、劳动最伟大、劳动最美丽的社会风尚，引导广大技术工人和青少年形成劳动光荣、技能宝贵、创造伟大的观念。

"匠心筑梦,强国有我。"新时代是一个万象更新、生机勃勃的时代,也是一个继往开来、创新创业和建功立业的大时代。希望广大读者能以劳动模范为榜样,以大国工匠为楷模,立志技能报国、技术强国,踔厉奋发,勇毅前行,锤炼思想品格,汲取劳动智慧,勇于担当、勤于钻研、甘于奉献,为推进新型工业化和乡村振兴,为加快建设制造强国、质量强国、航天强国、交通强国、网络强国、数字中国、农业强国,全面建设社会主义现代化国家贡献青春力量。

中华全国总工会副主席(兼)

中国航天科技集团有限公司第一研究院

211厂14车间高凤林班组组长

2022年11月

 扫码解锁

◉群英颂歌 ◉力行求至
◉薪火相传 ◉奋斗底色

传主简介

　　卫建平，汉族，中共党员，1966年出生于山西太原，现为北京首钢机电有限公司副总工程师兼智能制造部部长，"北京市卫建平数控车工首席技师工作室"负责人。

　　1984年，卫建平进入首钢修理厂，从此与首钢结下了不解之缘。从业以来，卫建平从事过钳工、车工、铣工、数控车工、数控加工中心操作工等工种，慢慢成长为数控车工高级技师。参加工作以来，卫建平从未停下学习的脚步。在专业知识方面，卫建平专攻计算机与应用、机械设计与制造等专业，在机械制造工艺大专班计算机与应用大专班、企业管理大专班和机械设计本科班先后取得了三个大专学历和一个本科学历。在技术职称方面，他也实现了从技术员、助理工程师、数控编程工程师和机械制造工程师，到冶金设备高级工程师的蜕变。

1988 年，卫建平在首钢机械厂实习，成为一名数控车床操作工。机械厂购进第一台数控车床之后，卫建平便开始了他的"数控"生涯。他参与的"薄板坯连铸机结晶器铜板的加工"项目于 2002 年获得国家"九五"重大装备科技成果一等奖，卫建平凭借该项目一举成名，在数控行业站稳了脚跟，逐渐成为首钢数控技术的"主心骨"。

卫建平于 2011 年获得首钢总公司技术带头人、"首都市民学习之星"和全国职工职业道德建设先进个人等称号；2012 年，被选为北京市第十一次党代会代表、北京市有突出贡献的高技能人才，并获得全国五一劳动奖章；2015 年，被评为第七批首钢技术专家；2016 年，获国务院政府特殊津贴；2018 年获第一届"北京大工匠"称号；2020 年，获"中国质量工匠"（全国质量奖个人奖）称号。

2009 年 12 月，在北京市总工会、北京市科委牵头下，"卫建平工作室"作为首批职工创新工作室成立了。工作室在企业发展、技能创新以及人才教育等方面发挥了积极的作用，并于2013年被评为模范创新工作室与北京市数控车工首席技师工作室；在2015年被评为首钢技术专家和全国机械冶金建材行业示范性（劳模）创新工作室；在2017年被中华全国总工会命名为全国示范性劳模和工匠人才创新工作室；在2018年被中华人民共和国人力资源和社会保障部命名为国家级技能大师工作室。

"书痴者文必工，艺痴者技必良。"卫建平从工厂的犄角旮旯走到了时代的聚光灯下，离不开他对"书"的执着，更离不开他对"艺"的追求。"执着专注、精益求精、一丝不苟、追求卓越"的工匠精神，成为他人生的动力源泉，激励他不断向前，创造出非凡成就。

扫码解锁

◎群英颂歌 ◎力行求至
◎薪火相传 ◎奋斗底色

目　录

┃ **第一章　求知少年的原点**　// 001

　　随迁北京：年幼自立　// 003

　　理想与命运：小工程师的心声　// 007

　　学途感悟：自觉　// 011

　　精湛技艺之炼：专注的锻造　// 013

┃ **第二章　多重身份与青云之志**　// 017

　　钳工的勇气与担当　// 019

　　普通车工的千锤百炼　// 024

　　数控车工的不懈追求　// 027

┃ **第三章　首钢数控技术的"主心骨"**　// 035

　　躬行君子，迎难而上　// 037

　　攻坚克难，实现绿色制造　// 043

　　力行求至，深耕技术创新　// 047

第四章　匠人匠心　// 053
工作室的建设与成果　// 055
传承培养，育人筑梦　// 062
"室风"，一个工作室的灵魂　// 067

第五章　数控种子的播撒　// 073
数控的起点：作为学徒的卫建平　// 075
刘琪：能遇到师傅是我运气好　// 078
宋军贤：遇到师傅成为我人生重要的转折点　// 083
薪火相传，数控技术再创辉煌　// 086

第六章　平凡中的伟大　// 091
"工匠精神"的诠释　// 093
清闲一时与受益一生　// 097
和 0.01 毫米的误差较量　// 101
学习，一直在路上　// 108
在奋斗中践行社会主义核心价值观　// 111

第一章　求知少年的原点

扫码解锁

◉群英颂歌 ◉力行求至
◉薪火相传 ◉奋斗底色

少年的心灵是一片肥沃的土壤，孕育着梦想的种子，期待着它们在内心的滋养下破土而出，伸展出嫩绿的芽苗。他，年少的他，怀揣着无畏的勇气和坚定的信念，接过时代赋予的接力棒，独自前行在知识的海洋中。他的心中充满了对学思不倦的向往，渴望成为那建设美丽中国的一颗璀璨之星，让青春岁月如同一朵绽放的鲜花，绚烂夺目。

他不断追求着知识，汲取着智慧的养分，如同干涸的土地渴望甘霖。点点星火在他心中燃起，汇聚成希望的火焰，照亮了他前行的道路。他深知"工欲善其事，必先利其器"的道理，因此，他在勤奋的学习和刻苦的训练中，将坚实的步伐与卓越的追求紧密相连，融为一体。每一次努力都绽放出他独具匠心的光彩，让他在成长的道路上越发耀眼。

卫建平的事迹如同一盏明灯，照亮了我们前行的道路。他用自己的行动告诉我们，保持对知识的渴望，踏实耕耘，我们每一个人都能成为塑造美丽世界的工匠。无论我们身处何方，只要心怀执着和追求，就能绽放出属于自己的芬芳之花。

随迁北京：年幼自立

春天，是万物复苏的季节，天气回暖，绿意渐浓，一切都蕴含着"新"的意味。1966年3月，山西太原的一户普通家庭也在这时迎来了一个新的生命。

这个小生命的到来让卫在池、张瑞珍夫妇有喜有忧。喜的是他们儿女双全，忧的是二人工作繁忙，难免疏于对孩子的照顾。他们将"建"与"平"二字赋予小儿子，希望他能有一个美好的未来。"建功立业"的"建"与"平平安安"的"平"，代表着父母对他的期许。

卫建平的父母都是工厂里辛勤工作的普通劳动者。父亲在太原钢铁厂担任50吨桥式起重机的天车工（操作员），这个工作不仅要求他遵循严格的三班倒制度，更要求他在工作期间全神贯注，不敢有丝毫的懈怠。因此，很多时候他无法顾及家庭，无法照顾年幼的孩子们。母亲则在太原化工厂工作，她的生活重心同样无法偏向家庭。在这样的家庭环境下，卫建平和姐姐只能由远在乡下的爷爷奶奶照看。

父母虽然因工作繁忙无法陪伴卫建平姐弟俩成长，但一有空就会带着香甜的点心从太原返乡，与一对儿女相聚。卫建平的爷爷奶奶无微不至地关心呵护着这对姐弟。受家庭环境的影响，卫建平从小就懂得"予人为乐，与己而乐"的道理。他和姐姐总是互相谦让，很少争吵，每当有小朋友来家里串门，他都非常乐意与他们分享食物与玩具。

但是，幼时的卫建平因为贪玩，也做了一件让他非常后悔的事。小建平和姐姐为了吸引蝴蝶，将一张洁白的小纸片系在一根长绳子上，再将绳子拴在两尺长的小木棍上。他们手持小木棍，

⊙ 首钢劳动模范——卫建平

在金黄的油菜花海中奔跑，引来了成群的蝴蝶跟随着白纸片翩翩起舞。卫建平和姐姐在油菜田里你追我赶，引起了院中的奶奶的注意。奶奶将他们叫回来，得知整个经过后，严肃地告诉他们那片油菜田并非自家的，批评他们只为自己玩乐而踩坏了邻居的田地。事后，奶奶领着小建平和姐姐，带着鸡蛋和糖果去向油菜田的主人诚恳道歉。这个小插曲深深地印在了小建平的心里。自此之后，他更加懂得了尊重他人的劳动成果，爱惜粮食，以及勇于承担错误的道理。

1969 年，适逢太原钢铁厂援建北京首钢（前身为石景山钢铁厂），卫建平父母双双被调到北京工作。在太原钢铁厂工作时，卫建平父母休息的时候还可与孩子们团聚。然而，这次的工作调动让父母远赴北京，让本就聚少离多的一家人更难相聚了。这样的家庭环境让卫建平比同龄的伙伴多了几分超越年龄的懂事与独立。

作为家里的"小男子汉"，卫建平自幼便展现出了强烈的责任感。成了田间地头的小能手。每当金秋时节，丰收的喜悦溢满田野，小建平总会紧跟在奶奶和姐姐身后，在翠绿的豆角架和金黄的玉米秆之间穿梭，灵活得如同田间的精灵。他收获着劳动的果实，也品味着付出的甘甜。奶奶背着沉甸甸的果实，小建平总是迫不及待地想要分担一些。他时而背上小巧的箩筐，时而又紧紧抱住怀中的小箩，那稚嫩而又坚毅的身影，赢得了邻里乡亲的一致赞誉。

时光如梭，转眼小建平已到了上学的年纪。为了孩子的学业和未来的发展，父母经过深思熟虑，决定将小建平接到他心中向往而又陌生的城市——北京。

那时候的小建平还是个懵懂的孩童，对未来的憧憬远大于离别的痛楚。他没有注意到爷爷奶奶给他收拾行李时，背着他偷偷抹去的泪水，也不懂得爷爷奶奶塞在他手中的那些皱巴巴的零花钱所蕴含的深意。他心中只有一份朴素的期待，期待着与父母团聚，期待着新的生活。于那时的他而言，告别只是一场简单的别离，直到后来，他才渐渐明白，在告别的那一刻，他已经不知不觉地远离了那片熟悉的乡土。这场告别铭刻在了他心灵深处，成为他成长道路上最早的一道印记。

理想与命运：小工程师的心声

1972年2月，卫建平在北京市石景山区金顶街第四小学办理了入学手续。在这片土地上，卫建平觉得一切都是陌生的，他小小的身躯在这座大大的校园中显得异常单薄，他的山西方言也成了他与同学们交流的障碍。

石景山的风景、新学校、新同学对于小建平来说都是陌生的。但面对陌生的新生活，他没有害怕和退缩，而是选择用勇敢和顽强面对生活的考验。小建平默默承受着这份孤独，他的心灵在寂寞的岁月中日渐坚韧，宛如一株不屈折的小草，顽强地生长，逐渐融入这个新环境，在沉默中学会了表达，展现出了自己独特的魅力。

有趣的是，卫建平差点走上音乐之路，而不是成为一名"数控达人"。那时，小建平有着清脆的童声，唱起歌来甜美动听，具有很强的感染力。音乐课上，老师总是让他做示范，给他独自演唱的机会，他动听的歌声，总是能得到同学们持久的掌声。小建平唱歌的时候也会一改往日的内敛，变得乡音全无，字正腔圆，表现得很自信。作为学校合唱团的一员，还是孩童的他就懂得团结协作的力量，也是从那时起，合作精神就在他幼小的心灵里埋下了种子。小建平还有着一双灵活修长的手，北京市的音乐学校专员来挑选学钢琴的好苗子时，老师就十分看好他。

然而，成为音乐家不是小建平的理想。小学三年级时，老师布置了一篇名为《我的理想》的作文，同学们满怀憧憬。有的表达了对祖国的热爱，渴望成为一名解放军，保家卫国；有的表达了对医学的向往，梦想着成为一名医生，救死扶伤；还有的惊讶于科学奇迹，期望成为一名科学家，挑战未知，创造未来……

小建平则在那篇仅有400字的作文中，淋漓尽致地描绘了自己对工程师这一职业的迷恋。在他的记忆深处，有一位神奇的人物——赵叔叔——一位"工程师"邻居。虽然幼时的小建平对工程师这个职业一无所知，但他曾看过赵叔叔修理自行车和收音机的过程，特别是赵叔叔帮他修好心爱的玩具枪。在目睹了赵叔叔修理玩具枪的全过程之后，小建平眼中的赵叔叔犹如一个现实版的魔法师，那双灵巧的手竟能使损坏的物品焕然一新。

在邻居有困难时，赵叔叔就是大家求助的对象。有一次，小建平看到赵叔叔在帮助邻居大伯修理自行车。整辆自行车被拆解成十八块零件，每一块都被仔细地擦拭干净，整齐地摆放在报纸上。赵叔叔在每个零件上都轻轻涂抹上黄油（固态润滑油），然后使用扳手、钳子和改锥将它们巧妙地组装在一起。原本破旧的自行车在赵叔叔的巧手下瞬间焕发出了崭新的光彩。邻居大伯骑着修好的自行车带着小建平在小区的道路上兜了两圈，感慨地说："你赵叔叔手真巧，手艺真好，这车骑起来跟新的一样，真不愧是个工程师。"

"工程师"这一职业因为赵叔叔而产生了光环，令小建平满怀羡慕和崇敬。小建平认为赵叔叔的魅力不只是技术高超，他还时常向孩子们述说工厂里的逸闻趣事，毫无保留地分享自己的设计图纸。当时的小建平还无法理解那些图纸的内容，也无法洞悉赵叔叔话语中的深意，但他却能从那一张张布满整洁而又细密的线条的图纸中，感受到赵叔叔对那份工作的真心投入。这种用心和专注，透过纸张，传递出一种对于技艺和创造的真挚热爱，在小建平的心中播下了对工程师这一职业渴望的种子。

年仅10岁的小建平在一篇400字的作文中描绘出了"小工程师"的心声，将小建平引向了深邃而神奇的工程领域。

⊙ 卫建平在电脑上模拟三维立体图形

学途感悟：自觉

　　1978年9月，空气中弥漫着淡淡的秋意，卫建平怀着憧憬和兴奋的心情，踏入了北京市金顶街第二中学的校门。小学时的卫建平内心深处还隐隐有着几分胆怯和不自信，然而随着时间的流转，他已将这些负担悄然卸下，找到了前进的力量，并能勇敢地迎接新的挑战。

　　金顶街第二中学是石景山一所普通中学，卫建平在校期间凭借自律和勤奋脱颖而出。他不但进入了优秀的班级，而且学习成绩一直名列前茅。在学习之余，卫建平会花费大量时间阅读各式各样的课外读物。这些阅读经历不仅开阔了卫建平的视野，更培养了他独立思考的能力。

　　在学习氛围浓厚的班级里，他展现出极强的学习能力，成绩突出，是父母的骄傲。为此，他沾沾自喜了好一阵子。但在一场比赛之后，卫建平才知道什么是"人外有人，天外有天"。

　　初中二年级时，学校选出5名学生去参加北京市数学比赛，卫建平便是其中一员。他认为自己完全可以应对数学竞赛的题目，便没有去了解竞赛的知识点与题型，也没有对已掌握的题目进行复习与探究。进了考场，在其他同学快速并自信地答题时，他却无从下手，这一刻卫建平才意识到对学习掉以轻心的后果。最终，他的成绩自然不理想，卫建平在失落中进行了一次深刻的自省。他深知是骄傲将自己推向了失败。从那时开始，卫建平就将"学无止境"视为自己的人生格言。

可以说，卫建平的学习与实践能力也是在中学阶段显现出来的，他总是对新事物充满兴趣，并能找对方法，快速地掌握知识。初中学习英语的历程，给卫建平留下了深刻的印象。面对新学科的挑战，他展现出刻苦钻研、虚心向学的品质，英语成绩始终优异。他至今还记得13岁那年在黑板上默写下的那40多个单词，仍然记得当时写错了"radio"。

在卫建平那个年代，学生们能够早早地开始工作并赚取收入是一件令人欣喜的事情。国企成为众多求职者的首选，而进入国企的渠道主要是应届统分大学生和技校学生。中学毕业后，学生们面临的选择有两个：一是通过考入高中进而迈向大学，二是选择技工学校，直接开启职业技能的学习。

卫建平的家庭并不富裕，父母都是工人，收入有限。如果读高中考大学顺利的话，还需要交7年学费才能工作；如果不上高中而直接上技校，不仅不用交学费，每月还能挣20多元。考虑到家庭的实际情况和对未来职业发展的规划，卫建平放弃了大学梦，选择了首钢技工学校。这不仅是他人生的一个重要转折点，也是他儿时工程师梦想的起点。

卫建平深知，人生道路一旦选定，就必须坚定信念、勇往直前。他经常想起赵叔叔亲切而坚定的面容，以及他激励人心的言语，仿佛赵叔叔在鼓励他："幸福是靠自己双手创造出来的，每行都能出状元。"这句话成了卫建平不断前行的动力源泉。

在首钢技工学校求学的日子里，卫建平不仅专注于理论文化课的学习，还对机械制图这门课展现出浓厚的兴趣和独特的天赋。卫建平学业成绩始终名列前茅，考小考几乎都能取得满分的好成绩。同时，他还刻苦练习各种手工操作技能，成为同学们敬佩的对象，他以坚定的信念和不懈的努力，走出了一条属于自己的成功之路。

精湛技艺之炼：专注的锻造

1981年，卫建平进入首钢技工学校，成为一名钳工班的学生。他遵从学校的安排，逐步学习，接受训练，参加考试。随着学习的深入，他对这个专业的兴趣与日俱增，不再满足于达到学校的要求，而是将其转变为一种内在的驱动力，开始逐渐对机械制图课程感兴趣，这种兴趣的转变和研究的深入也让他在学习中表现出非凡的专注力。

⊙ 卫建平夜晚研究图纸

卫建平画的图样仿佛是机械世界的导游，带领着观众探索这个奇巧而精密的领域。他的才华不仅为他个人赢得了掌声，更为整个班级注入了一分活力，使同学们也觉得学习不再是枯燥的任务，而是一场充满惊喜的冒险。在相关课程的考试中，卫建平总是遥遥领先，他能够准确地用图样呈现机械的尺寸、结构、工作原理和技术要求。他的作品经常被当作典范在班级中展示。在技校的毕业考试中，卫建平全身心地投入，不但掌握了机械制图的基础知识和实际操作技能，还致力于将所掌握的理论知识应用到实践中。他绘制的图纸准确又清晰，最终以第一名的优异成绩脱颖而出。

这些图纸不是简单线条的堆积，但也不是完美画作的展现，其幅面、格式、标题栏、比例、字体、图线与尺寸标注等都有特殊的要求。卫建平通过不断地练习，使自己在处理图纸时愈发驾轻就熟，熟练掌握了各项要求。可以说，此次毕业作品，卫建平不仅在技术层面上表现得游刃有余，更显示了他对美学和设计原则的深刻理解。这种专业技能的培养不仅需要他对机械制图有深入理解，也彰显了他对细致工作的高度重视和对专业技艺的极致追求。

另外，首钢技术学校毕业前有一门实操考试——制作小锤子。从一块铁到一只完整的小铁锤，这不仅需要钳工手工精细，更需要工艺分析、设备、基本操作、制作过程、注意事项等方面的综合考量。卫建平心无旁骛地制作了一只小铁锤，其锯、削、锉的操作均匀用力、腰鼓轮孔与中心线对称、工件长度与厚度符合规格、圆弧的加工纹理整齐且光滑无棱角，他所制作的小锤子可以用近乎完美来形容，理所当然地荣膺那一届毕业作品的冠军。在对质量与数量的追求过程中，卫建平充分发挥了手脑并用的才能，体现了他专注的品质。当卫建平回顾在校期间实践操作的时光时，他深知这是为未来工作奠定基石的重要一环。

⊙ 卫建平加工的工件

第二章　多重身份与青云之志

扫码解锁

◎群英颂歌 ◎力行求至
◎薪火相传 ◎奋斗底色

1984 年，卫建平自首钢技校毕业后，先后在首钢修理厂及首钢机械厂任职。他由学徒起步，逐一涉足钳工、车工、铣工等多个工种。凭借其无畏的勇气与坚定的担当，他成功化解了一个又一个摆在眼前的难关与挑战；依靠其专注的精神与不懈的勤奋，他在学习与工作的道路上持续突破，屡创佳绩。

在不断的学习与探索中，卫建平在数控领域取得了多项重大突破，逐渐崭露头角，成为一位令人瞩目的数控专家。这座以匠心为基石、以创新为灵魂铸就的"九层之台"，正是他不懈努力的结晶，也是他职业生涯中充满毅力与追求卓越的鲜明标志。

钳工的勇气与担当

1984 年，18 岁的卫建平走出校门，选择直面生活的洪流，开启了漫漫职业征程。他没有留给自己过渡的缓冲期，而是直接进入首钢修理厂开始了全新的生活。在首钢这块热土上，他开始用工匠之心描绘自己绚丽多彩的人生画卷。

进入首钢修理厂，卫建平最先涉足的是钳工领域，运用台虎钳、砂轮机、台式钻床、立式钻床、摇臂钻床等各类设备，从事最为基础的工作——零件加工、设备的维护与修理。由于工种的特殊性，卫建平等人的工作涵盖全公司各厂的设备维修，必须做到随时响应需求，因此，他们在检修地旁边搭建了活动板房。活动板房由坚硬的铁皮构成，20余人组成了一个紧密团结的小组团队，都在这个铁皮的小空间里生活。到了夏天，户外的气温已经让人汗如雨下，更不用说在那个密不透风的铁皮板房里了。它仿佛是一座蒸笼，又闷又热，汗水和机油的味道交织在一起，总有一种让人窒息的感觉。

身为刚刚踏入职场的年轻学徒，卫建平每天都最早来到工厂。清晨六点多，他已在那片微光中忙碌起来。身穿蓝色工装服，卫建平从容不迫地进行着上班前的准备工作。20世纪80年代的工厂，大多数人都习惯在家里做好饭菜，再带到工厂里用餐，因此，蒸饭也成了卫建平的工作内容之一。他每天都会用半小时的时间整理场地卫生、打水、生炉子、蒸饭，一丝不苟，面面俱到。准备工作之后，便是简短的早会时间，工作总结、报告、计划和关键的注意事项等均是每天会上必须强调和商讨的内容。会议结束后，工人与机械设备就开始了忙碌而紧张的"劳作"。

虽然工厂是八小时工作制，但实际上卫建平每天的工作都会超过八小时。有时候卫建平开完班后会，回到家已经是晚上八九点了。在修理厂的那两年，卫建平就是在这样高强度的工作环境中度过的。一旦有紧急抢修任务，卫建平就会毫不犹豫地放弃休息。为了迅速解决问题，他曾三天三夜不离开现场。大家对于这样的工作都"喊累叫苦"。当看到许多同事因无法坚持而调换部门时，

◉ 卫建平工作照

卫建平内心也动摇过，但他还是选择坚持下来，成为那个默默追随师傅学习的小卫，成为与团队共同奋进的一员，不抱怨工作辛劳，也不轻言放弃。

他选择了直面挑战，像一棵不畏风雨的青松，始终坚守着初心，在每次检修通告下达时，他从未说过一个"不"字。他每天早出晚归，回来倒头就睡，就连和父母说话的时间都没有。也是在后来，卫建平才从母亲口中得知，父母看在眼里，疼在心上，一直想劝他换一个轻松些的工作。卫建平每每想到这些事，溢于言表的除了对家人的感恩，还有对自己多年坚守岗位的不悔。

最初工作的那两年，作为学徒的卫建平做着工厂最基础、最累的工作，首钢的四座高炉中都刻有他辛勤工作的印记。每年深冬，石景山寒气逼人，首钢修理厂的高炉检修也恰恰在此时开始。卫建平所在的小组在高炉炉顶的检修中面临着巨大的风险，因为人工梯不完整，在多层作业的备件和设备配送过程中，他们需要徒手爬上40米高的地方。在安全风险很高的情况下，他们在高炉炉顶进行一系列的工作。

高炉检修是一项既要求工人有过硬的心理素质，又要求他们有极高的专业素质和专注能力的工作，稍有不慎就可能引发重大的安全事故。然而，卫建平参与的每一次检修都没有发生任何意外，这足以彰显他和小组成员们卓越的工作能力和惊人的意志力。从远处观之，大地一片荒凉，远远近近的一切好像都静止了，只有石景山一隅的高炉顶上，几个"小人儿"在慢慢地移动。

白灰窑的检修对于职场"小白"的卫建平可谓是一场大考。在使用每一件设备前都需要将注意事项铭记于心。工厂的仓料需要用千斤顶顶起，卫建平就最先检查千斤顶的最大顶升高度，查看其是否支立在平坦坚实可靠的基座上。为了方便拆卸仓料里的连接螺栓，在将其顶起之后，工作人员必须从仅有40厘米的缝隙中钻进仓料，这样才能进行工作。这些工作简单又烦琐，在接受了师傅的指导后，作为学徒的卫建平总是第一个冲到工作现场。

工作空间狭窄，已经让人寸步难移了，还要在里面进行螺栓的拆卸，对于任何人来说都是一项极其艰巨的任务。被白灰覆盖全身的卫建平屏住呼吸，耐心地转动着工作的手臂。当卫建平从缝隙中钻出来时，就成了一个名副其实的"小白"，他拍着身上的白灰，憨厚地笑着，向师傅报告："任务完成！"他身上展现出的坚定意志令师傅感到由衷的欣慰。

"在身为钳工的那两年里，我几乎走遍了首钢大院的每一个角落，每天或投入检修，或穿梭（去往）在各种工地的路上。"卫建平所承担的任务涉及拆解、清洗、调整设备，高炉检修，白灰窑检修等琐碎而又重要的工作，每当他回忆起那段艰苦的时期，心头都充满感激，他感激自己曾经的坚持与勇气，也感激自己在艰难中选择了担当与进取。

然而，当卫建平在厂区看见新入职的技术干部，穿着整洁的工作服时，他也曾暗自反问，是否当初应该更加努力一些，参加高考走上另一条道路。穿着整洁工作服，不再为这些又脏又辛苦的工作而劳碌，怎能不令人羡慕。但是卫建平在深思中找到了属于自己的"康庄大道"。他深信一切付出都是有意义的，就像他曾经说过的一句话，现在已经成了他坚定的信念："奋斗所带来的收获与幸福，宛如心灵深处刻骨铭心的印记。"这是他前行的动力，激励着他在每一次的努力中找到生命的意义，坚信奋斗终将迎来骄阳般的收获。

普通车工的千锤百炼

党的十一届三中全会的召开吹响了中国经济体制改革的号角，国有企业改革逐步展开，标志性的节点出现在 1978 年 10 月，四川率先实施企业扩权试点，拉开了以增加企业自主权为主要目标的国有企业改革的序幕。在政府的大力支持下，首钢在 1981 年 7 月勇敢迈出了实施承包制度的重要一步。1986 年，首钢启动"机制工艺班"招生计划，掀起了一场大规模的学习热潮。卫建平深知自己文化水平不足，并对曾经没有完成高中学业感到遗憾。在这股热潮的推动下，他毫不犹豫地报名夜校，奋力登上这趟继续学习的列车。

自古天道酬勤，一分耕耘一分收获。每天早晨，天刚刚泛起鱼肚白，卫建平便"挣脱"沉重的梦境，开始一天的工作。白天，他伴着厂区嗡嗡作响的机器声奋战于工作岗位；下班后，他又投入到紧张的文化补习课程中。每天回到家，卫建平都疲倦得就像身体灌了铅一样。但他十分珍惜这段珍贵的学习时光，他不仅视之为增长知识的途径，更认为这是一次改变命运的机遇。微弱的灯光下，他坐在桌前，笔耕不辍。正是卫建平夜以继日地学习，才得以顺利通过"机械制造工艺班"的招生考试，成为一名机械制造工艺专业的学生。经过两年的刻苦学习，卫建平顺利毕业，取得了大专学历，并被分配到首钢机械厂，实现了从钳工到普通车工的华丽变身。

1988 年 7 月，当卫建平初次踏入首钢机械厂，以普通车工的身份投身于机械制造与加工中时，新的生活篇章徐徐展开。车工的岗位改变了他做钳工时的"流浪"状态，他终于得以在一个固定的工作场所长驻。这个转变给了他一种安定感，他对这种改变感到非常满足。他明白，机械厂给他提供了一片新天地，他对此心怀感激。卫建平进入首钢机械厂的三金工车间进行轮岗实习，前后做过普通车工、立铣、卧铣和技术岗，工作都是两班倒。作为一名实习生，卫建平还不能独立操作机床，只能跟随师傅做一些辅助工作。在此期间，加工一批法兰盘的工作给他留下了深刻的记忆。这批工件量大且紧急，因此，大家都投入到了紧张的工作中，卫建平的工作是配合一位年轻师傅搬运毛坯。在一次操作中，

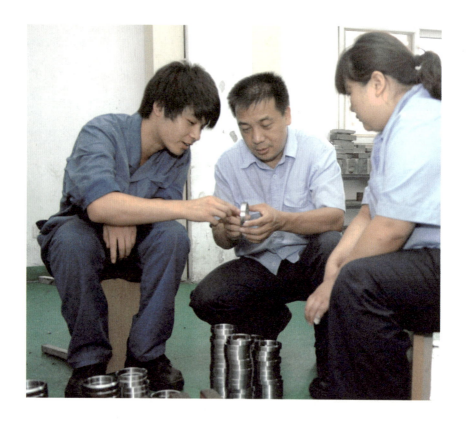

⊙ 卫建平（中间）为徒弟讲工件质量

因为毛坯没有卡紧而差点发生事故，虽有惊无险，但这也给卫建平敲响了警钟。

从前，卫建平认为三金工车间拥有完备的厂房，冬暖夏凉，工人们可以以轻松的心态在自己的机床旁井然有序地工作。相比之下，修理厂处境不定，常需要攀爬高处，需要时刻保持警惕。然而，在这次意外之后，卫建平发现，不管什么工种都可能因为疏忽大意而发生事故，这彻底消除了卫建平过去对工作安全轻视的态度，让他深刻意识到安全无小事，安全意识应贯穿日常生活的方方面面。

数控车工的不懈追求

在工作的过程中，卫建平越来越感觉到，冶金机械行业的产品结构、生产技术已经全然改变了，过去口传身授的技能传承方式，以及单纯靠钻研手艺，忽视系统改进，过度重视经验积累却不改变工作习惯的管理方式迫切需要变革了。

1988年，首钢机械厂购进了第一台数控机床，勤奋好学的卫建平被选为第一批数控机床的操作工。为了更好地掌握数控技术，更好地学习与应用编程这一新技能，卫建平继续努力深造。1989年，他在专升本考试中获得了北京科技大学机械设计专业的录取通知书。他在两年的半工半读的时间里一刻也没有松懈，最终以全优的成绩顺利毕业，并取得了大学本科毕业证书和工学学士学位。之后，他仍不满足于现状，更加勤奋，又报考了首钢职工业余大学"计算机与应用"大专班。在为期四年半的学习过程中，课程安排得十分紧凑，他每周工作日需要去四个业余班上课，周末再上一天半的课，但卫建平从未迟到或早退过。

卫建平在预习、复习以及考试的每个环节都付出了极大的努力，即便工作繁忙也没有影响学习。有不理解的知识点，他总是主动与老师和同学交流，回到家中更是不停地深入研究所学的知识。卫建平说："上学时，我并没有太高的目标追求，学习也没有紧迫感。进了首钢我才明白，学无止境，不继续坚持学习是不行的。1988年，我才开始围绕机械加工数控编程这个专业刻苦学习。整整10年的时间，我把全部的业余时间都用在学习上了。"

也正是在1988年，卫建平这位首钢机械厂三金工车间的实习生，与他的爱人董志芹在这片铁水浸润的领域邂逅了。或许是在机器轰鸣声中，两道目光在空气中交错，又或者是在共同担负的项目中，他们的默契让爱的种子在心中生根发芽。在工厂这个钢铁铸就的舞台上，他们开始了一场不同寻常的合奏，工作的旋律中穿插了相知相爱的音符。卫建平总是感叹他与爱人并肩奋战的那段岁月，他感谢爱人对他事业的默默支持与理解，爱人就像强大的后盾，为他的梦想和努力提供了坚实的保障。这份爱在他心中扎根，并成为他在事业上走向成功的不竭动力。

　　卫建平和他的爱人都刚参加工作不久，经济条件一般，结婚所需的费用不仅耗尽了父母的全部积蓄，还令家里欠下了一小笔外债，但这并没有动摇董志芹对他的感情。他们的爱情，一旦承诺，就是一生。他们并未追求奢侈的形式，而是更关心那份来之不易的深厚感情。后来，卫建平还打趣地将他们当时的婚姻状况形容为现如今的"裸婚"。

　　事实也是如此。1992年11月，卫建平与董志芹结婚后与父母合住在一间小屋子里，开始了简单而温馨的婚姻生活。一张铜管床头的双人床、一张简易的写字台与一个简易的衣柜满满地占据了这间9平方米的小屋，而那份平凡而真挚的爱却在这里慢慢升温。

　　1993年，卫建平结婚的第二年，他"斥巨资"在中关村买了一台386计算机。那时，他就读于计算机与应用大专班，正痴迷于编程，极度渴望拥有一台属于自己的计算机。在那个年代，一台计算机是极其昂贵的，卫建平也不是没有想过放弃，但是他的热爱使他根本无法停下学习的脚步。他几乎花光了家里所有的积蓄，将自己的一腔热血倾注于这台价值1.1万元的计算机上。20世纪八九十年代，普通工人的基本工资只有一二百元，夫妻二人不吃不喝在短时间内也攒不够那么多钱，但卫建平的爱人无条件地支持他的学习，不惜举债也要满足他的心愿，这给予了他极大的鼓励。卫建平在回忆起这些事情时，话里话外都充满对爱人的感激："当时我和爱人的工资加起来一个月不到400元，购买这台计算机花去相当于2年多的家庭收入，而且没多久，486计算机就问

⊙ 大厂工作室荣誉墙

世了，标价才7000多元，面对计算机的贬值和那些借款，我遗憾了很长一段时间。"

卫建平的"遗憾"不仅是因错失486计算机而感到可惜，更渗透着他对爱人、对家人的亏欠。卫建平忙于工作与学习，对爱人的照顾与陪伴少之又少，有时候学习晚归只能看到爱人熟睡的脸庞。卫建平的爱人和父母是懂得他、支持他的，他们互相体谅，为彼此着想。也正是因为有他们的理解，卫建平才能够心无旁骛地追求自己的理想。

星光不问赶路人，卫建平把所有的业余时间都用在学习上，不仅顺利读完了计算机应用的全部课程，而且在那台386计算机的加持下，他取得了专业上的突破。他开始接触那座人与机器的桥梁：磁盘操作系统（Disk Operation System），开始去了解并学习BASIC、FOXBASE以及C语言，学会了编程。在不断地摸索与钻研中，卫建平编制开发了许多应用小程序，有些被推荐到《机械工人》杂志发表，有些小程序仍然沿用至今，堪称"绝招"。

卫建平凭借过硬的专业技能，成为首钢机械厂数控编程的"技术大拿"，在进行数控机床加工时，大家遇到的难题都会被他轻而易举地解决。1988年至2000年的十几年间，机械厂先后购进了近30台数控设备，其中不乏全球最先进的数控机床，系统、性能都是最先进的。很多人认为机械制作与加工只需要人工操作那些不停运转的机器，是一件较简单的事情，可他们不知道的是，最初的那批"领路人"为此付出了多少精力与汗水。

⊙ 卫建平买的第一台386计算机

"数控机床的种类繁多，数控系统也各不相同。早期的编程软件功能尚不够先进，使用起来极为不便，需要采用语言编程而非图形操作。"卫建平如此形容最初的"数控"。他表示，他们需要使用二次开发的计算机语言将编程轮廓描述出来，形成一个源程序，并在二次开发的软件应用环境下运行该源程序，生成数控程序。

在那个时代，编写一个具有相对难度的数控程序是一项繁琐且耗时耗力的任务。对于技术人员而言，这不仅是一项挑战，也是一场磨砺。幸运的是，卫建平经过四年半的计算机学习，使他在工作中如虎添翼。为了方便使用和存档，卫建平针对不同的数控系统开发了相互转换的程序、刀具轨迹随意切换顺逆铣小程序、标准格式整理小程序等。这些小程序如同拼图般拼合起来，为数控技术的快速发展铺设了一条通畅的道路。

第三章　首钢数控技术的"主心骨"

扫码解锁

◉群英颂歌 ◉力行求至
◉薪火相传 ◉奋斗底色

从"零基础"起步，历经数十年风雨兼程，卫建平在数控领域取得了卓越成就。从最初的"摇摇把"操作，到精通编程技术，他实现了从普通钳工到数控机床"雕刻师"的华丽转身。在首钢机械厂，他不仅是业务精英，更是引领行业发展潮流的楷模，首钢数控技术的"主心骨"。

躬行君子，迎难而上

"职业生涯中能加快你成长的机遇是可遇不可求的，我感恩那个阶段，那是我专业技术突飞猛进的阶段……"

1988 年，身为数控操作工的卫建平迎来了他转换工种后的第一场挑战：加工几何形状复杂的高炉封口外套。此项目的关键点在于紫铜[1]这一特殊材料，其结构复杂且加工过程中变数极大，尺寸的精准度难以控制。受条件限制，当时的存储模块内存无法满足生产，变量编程等具体实践的难度使"老八级"的车工都望而生畏。卫建平却利用所学知识，逐字逐句深挖使用手册，一个字符一个字符地编写程序，他从工艺方法、工件装夹、刀具几何

---

[1]紫铜，又名红铜，工业用金属铜的俗称。多用于制作装饰品、工艺品、热交换器和电线等。它具有良好的导电性、导热性、焊接性和一定的力学性能，因此在电工和工程领域被广泛使用。

参数与程序的刀路等方面入手，连续三天三夜进行高强度研究工作，对模块做了创新与改进，完成了合格的高炉封口外套的加工制作并实现了量产。从此，卫建平一举成名，成为首钢的第一代数控车床操作工。

在那段艰难的岁月里，卫建平逆水行舟，从未松懈。1988 年以前，首钢机械厂做备品备件，为主流工程做维护、检修。而后，首钢机械厂与德国西马克集团合作，迎来了新的发展机遇。

5×25 米五轴联动数控龙门铣是当时国内最先进的数控设备。在 20 世纪 90 年代，仅仅从德国进口这一台设备就需花费 4000 多万元，还不包括从德国进口的六轴五联动的卧式加工中心、可达到精度 5 级的硬齿面磨齿机等。首钢投入近十亿元组建了新的精密车间与特重型车间，使首钢机械厂从一个平平无奇的机修厂蜕变成了一个大型的、拥有现代化的成套设备的加工基地。然而，设备有了，技术却成了难题。

薄板坯连铸结晶器铜板的加工是在 1530×1100×110 毫米的铜板上加工 32 个 25 毫米宽的不规则槽，槽的最深处可达 100 毫米，其难点在于加工过程中如何解决变形的问题。在这一加工过程中，从设备到流程一直依靠德国进口，国内技术也尚未涉足此领域。卫建平接手这个任务后，被厂里派去国外学习。然而，卫建平到了国外才知道，他根本就没有接近精密车间的机会，外国人只让他站在门外看不合格的结晶器铜板，且言语中透露着轻视。在学习过程中，卫建平深感将核心技术牢牢掌握在自己手中的重要性，他在心中暗下决心："我不信中国工人做不出高精尖的加工件！"

卫建平花费一年时间潜心学习与研究计算机、数学、力学、金属学等多门学科，反复设计、测量、实验，在 600 多页的编程中找到了项目的关键点，从工装设计与工艺方法上入手，解决了加工过程中铜板变形的问题，不仅质量达到了西马克 SN200 验收的标准，也收获了多方好评。

在首钢机械厂引进设备的过程中，卫建平全程参与了数控机床的购进、安装与调试，这不仅有助于他对此项目的了解与认识，以及对薄板坯连铸结晶器铜板的加工谙熟于心，也为以后的工作积累了知识与经验，提升了自己的实操水平与应对能力。也正是卫建平攻坚克难的精神与炉火纯青的技艺推进了连铸机结晶器铜板加工走向创新化、国产化。此项目不负众望，于 2002 年获得国家"九五"重大装备科技成果一等奖。

为了提高工厂生产效率，首钢机械厂于 2006 年以卫建平为中心成立了数控与刀具开发处，以此解决新型刀具如何在机床上高效应用的问题。次年，团队就面临了一项新的难题：端面位置斜孔的加工。出于特殊材料的考虑，卫建平选取了进口的整体硬质合金铣刀，同时创新了加工工艺。但在加工过程中还是出了意外：操作工害怕高速运转会损伤机床，便将每分钟 2000 转的切削参数调整到每分钟 200 转，结果适得其反，打坏了多把刀具。卫建平得知事情原委后，立刻赶往工厂，通过考察与设计，亲自操作，高效并安全地完成了六个端面位置斜孔的加工，使原本两个班的

⊙ 卫建平（右三）给工作室成员现场讲述龙门铣加工

工作时间缩短至 4 个小时。操作工紧跟卫建平的脚步，将技术迅速推广至全厂，取得了显著的成效。

卫建平常说"三分手艺，七分工具"，刀具对于他来说具有非同一般的意义，他将刀具视作手足，用其创制出了诸多合格且优质的产品。这场"刀尖革命"的胜利使卫建平名声大噪的同时，也让他自觉担负起了更多的任务与使命。

在 4 米数控立车上加工螺纹，是一项非常棘手的工作，没有人愿意也没有人敢去接手这项工作。加工质量极其不稳定，并且劳动强度也极大，从工件表面入刀这一操作更是前所未有的，无论理论知识还是具体实践都是一片空白。然而，卫建平却将此项目视为挑战，在短短一个月内，制订计划、多次尝试并最终完成了数控立车加工螺纹这一项目，突破了自己，也成就了自己。同时，卫建平发表了有关此项目的论文《在数控立车上加工无进刀槽的双线变螺距螺纹》，获得了 2008 年全国数控机床应用工艺方案征文大赛一等奖，该论文作为考点，在北京市、教育部和全国数控技能大赛中进行推广和应用。

"躬行君子，则吾未之有得。"卫建平回忆起这一段段攻坚克难的时光时说道："多年后，你会觉得困难这个东西，对成长竟是那么珍贵，甚至要真诚地感谢它，因为正是它激发出你的勇气、力量和你自己都无从知晓的潜能。"千磨万击还坚劲，任尔东西南北风。卫建平以大胆开拓的姿态在工作中勇攀高峰，直面挑战的勇气以及屡战屡胜的经历激励着他不断向前。

攻坚克难，实现绿色制造

　　绿色制造是一种基于全生命周期理念，充分考虑环境影响与资源效益的现代化制造模式。绿色发展是对生产方式、生活方式、思维方式和价值观念的全方位变革。

　　首钢作为有着百年发展历程的国有企业，以人与自然和谐共生的全局视角谋划发展，始终认真贯彻落实国家"双碳"目标和新发展理念，持续推动企业绿色低碳发展。同时准确把握"双碳"工作面临的形势和任务，把"双碳"工作纳入生态文明建设整体布局和经济社会发展全局，协同推进降碳、减污、扩绿、增长，推进生态优先、节约集约、绿色低碳发展，推动经济社会发展向全面绿色转型并取得了显著成效。作为新时代、新企业的领

⊙ 卫建平自主设计的刀具

军人物，卫建平更是秉持着降本增效、节能减排理念，在绿色制造的道路上行稳致远。

"刀具激光修复技术"是卫建平在综合考虑了制造、环境与资源的基础上设计并实现的创新技术成果。接手盾构机管片模具项目需要质与量兼具的盘铣刀[1]。可是在加工过程中，盘铣刀撞刀受损后便很难修复，尤其是进口盘铣刀的损坏，不仅会延长购进周期、增加成本，而且会影响工厂生产任务的完成。为了解决上述问题，卫建平本着降本增效、节能减排的思想，采用激光、类激光等修复技术，重新修复了破损后的盘铣刀。无论是材料的结合度还是刀具加工后的强度都达到了国家标准，并可以持续、重复使用。据统计，修复一把盘铣刀比购进一把盘铣刀节约6200元，修复一把立铣刀比购进一把立铣刀节约900元。虽然这些金额看起来不大，但在2017年至2019年平均每

⊙ 卫建平加工的工件

[1] 盘铣刀是一种金属加工刀具，通常用于金属加工中的铣削操作。它的结构类似于平面铣刀，但盘铣刀的刀片是环形的，因此也称为环形铣刀。盘铣刀的主要作用是在工件上进行旋转切削，将工件表面切削成所需的形状或尺寸。

年加工 120 套管片模具的数据分析中，采购费用从之前的每年 80
多万元降至后来的 15 万元左右，而非标角度铣刀[1]的设计制作
周期更是从之前的 8 至 10 周缩短为后来的 5 至 10 天。"刀具激
光修复技术"不仅全面恢复了刀盘的性能，而且大大节约了生产
过程中需要的成本，缩短了生产周期，推进了工业制造的可持续
发展。

在接手武汉管片模具这一紧急任务时，卫建平及其团队面临
着极大的挑战：端模倒角。因为图纸复杂，加工部位较多，侧模
和端模的型腔阶梯面衔接处都有倒角，其侧模有 7 个倒角，端模
有 9 个倒角，操作非常困难。这一任务若采用传统层切的方法效
率极低，每刀步距 0.2 毫米，一件成品的加工时间长达 10 个小时。
为了高效完成任务，卫建平带领数控及刀具管理中心技术人员研
究零件图纸与高速切削原理，变革传统手法，采用角度刀，提高
了管片模具的加工效率。在降本方面，卫建平团队在设备稀缺的
条件下，自主设计，利用创新手段完成了所需刀具的生产；在增
效方面，每件成品的加工时间缩减了一半，其中每件侧模的加工
时间缩短为 6 小时，端模加工时间缩短为 5.5 小时，加工效率分别
提高了 40% 和 47.6%。

在 400 板坯连铸机制造的过程中，卫建平利用信息化与计算
机仿真加工技术，提升了整体的工艺制造水平，在"一键"模式

---

[1]标角度铣刀是一种用于金属加工的铣削刀具，其特点是刀片的切削刃具有特定的
倾斜角度，通常用于在工件上切削出具有特定角度的平面或者斜面。

中实现了全方位、全覆盖、全自动式的远程监控与管理。在节能减排方面，团队采用三维建模软件与计算机仿真技术，该项技术具备的智能配管和智能装配功能，简化了以往烦琐的装配过程，使工作效率提高了10倍以上，废品率也由过去的30%降至如今的1%，甚至更低。同时，团队的"信息化及仿真技术在冶金装备高效化加工中的开发与应用"荣获首钢科学技术奖，并获得第四届全国职工优秀技术创新成果三等奖。

习近平总书记说："绿水青山就是金山银山。良好生态环境既是自然财富，也是经济财富，关系经济社会发展潜力和后劲。"卫建平作为一名先进的工作者，带领团队在政策的引领下积极参与到推进美丽中国建设的过程中，力争做到在治污减污的同时实现能源节约、资源利用以及降碳减污协同发展的目标。

为了推进产品结构升级，促进所在单位经济发展方式的转变，卫建平成立智能制造事业部，坚持可持续发展理念，从未停止学习的脚步，不断改革创新。无论是新型刀具在机床上的高效应用、连铸机核心部件扇形段框架的加工效率与产能效率的提升、刀具激光修复技术的降本增效，还是400板坯连铸机制造的节能减排，卫建平及其团队无不在实践中攻坚克难，进行着绿色低碳重大科技攻关和推广应用，强化产业基础研究和前沿技术布局，脚踏实地地完善绿色制造体系。

力行求至，深耕技术创新

　　卫建平坚持初心，将对首钢、对社会与对国家的情感融入骨髓和血脉，在工作与事业中释放自己永不枯竭的人生动力。"人的价值在于能在岗位上创造多少价值。"这是卫建平作为一名普通工人的心声。他热爱自己的工作，更热爱着首钢机械厂为自己搭建的璀璨舞台。卫建平婉言谢绝了许多公司的高薪聘请，他说："我这点本事都是在这里学习、实践、锻炼出来的，我要用自己的本领，为企业发展做更多的贡献。"这是一位普通工作者对岗位的坚守，更是一位大国工匠潜心事业的无私情怀。

　　卫建平将计算机软件技术与数控技术相结合，应用在产品的生产中，通过"三个应用"和"一个建设"，即计算机三维数控仿真加工技术的应用、高效切削技术的推广应用、计算机三维仿真配管技术的应用和远程在线加工数据管理平台的建设，连续攻克了一些加工难度大、精度要求高的零件的制造难题，在一定程度上推动了以高效加工为主线的工艺革命、效率革命的开展。

　　在面对陌生的德国西马克集团监制产品——连铸机核心部件扇形段框架的加工时，卫建平通过对系统与方案的多角度分析与比较，深入研究传统工艺的利弊，针对面、孔、槽，选用匹配的先进刀具，从转速、进给和切深上大胆进行探索尝试，创新工艺方法和流程，完成了连铸机核心部件扇形段框架的高效率加工。结果是可喜的，该部件的产量从月加工10多个逐渐上升至40多个，不到一年，首钢的扇形段框架加工的效率就赶上了国内专业厂家，产能效率目前也已经达到国内顶尖专业制造厂家的水平。

卫建平的工作室给企业带来了明显的经济效益。卫建平团队的不断探索，推进了加工技术创新和精度等级提高，使产品合格率由原来的69%上升至99%，为企业节约了大量成本。另外，加工机具节约资金超过200万元，创利500多万元，其中，产能提升了近10倍，为企业累计创造了3000多万元的经济效益。2010年，"连铸机扇形段框架高效加工"获北京市职工技协优秀技术成果一等奖和第三届全国职工优秀技术创新成果三等奖。"扇形段框架高效加工法"被评为首钢最佳操作法，其中两项成果获国家实用新型专利。

清华同方的"尾段外筒工件"项目曾让很多专家都望而却步，卫建平带领团队一夜未眠，创新完成了在三轴联动数控镗铣床上用宏程序编程的方法加工尾段外筒，不仅解决了这一难题，还为企业节省了至少30万元的加工费。大家纷纷竖起大拇指，称其"了不起"。卫建平说："能够用智慧一下子解决原本需要投入2000万元购置设备才能解决的事，我们何不充分挖掘这份创造力的价值呢！"

⊙ 卫建平荣获第三届全国职工优秀技术新成果奖

　　针对首钢整体搬迁调整与首钢机电制造分布广泛的情况，卫建平将互联网的远程加工与操作纳入了考虑范围，通过其精细的评估与开发，使原本需要 8000 万元以上预算的投入，足足减少了 6000 万元。在处理关于阀体加工技术优化的问题时，卫建平排除万难，坚持不懈地带领徒弟承揽产品、开发产品，最终收获一张张巨额订单。

　　普通车床上加工螺纹使用的是无进刀槽螺旋类零件的加工方法，若想得到固定的螺距，则必须通过挂轮调整。许多螺旋类零件的加工对螺距和进刀位置都有特殊要求，完成此工作必须通过不同的挂轮分段加工，其过程极为复杂。需要具备较高的实操能力和较强的抗压能力的操作工进行工作，完成后还需要钳工来进行最后的修整。卫建平团队创新开发的在数控立车上加工无进刀槽的双线变螺距螺纹的方法，大大增加了数控机床的利用率。

　　卫建平根据一个简单的设计思路，在缺乏设计图与成品图的情况下，带领徒弟从设计实验到改进实验，从反思实验到改进实验，反复修改完善，最终完成了全自动取料分筛机的发明与制造：将原来需要在艰苦的现场生产环境中，由人工完成砂石料取样，再进入实验室进行筛分、称重、计算不同粒度含量等一系列复杂操作的传统方法，创新为通过该设备直接在现场进行全自动取料、检测，数据及时反馈到实验室的新方式，且质量控制可靠。此项工作本来需要三名工人协作完成，但经过卫建平团队的创新，现如今，一台设备就可以轻松完成，大大减轻了工人的劳动强度，也为企业节省了劳动力成本。

卫建平为人谦逊无私，在完成加工无人机薄壁长轴、薄壁弹舱，工装设计改良，改造恒温车间等任务时，把本该奖励给他个人的费用用在了车间生产任务上。

卫建平为企业谋利益、谋发展的事例数不胜数，这些事迹同时伴随着一次次创新与突破，在这些创新技术的不断完善与规模化中，首钢装备制造也逐渐走向了全国，走向了世界。

卫建平感叹道："过去功效低，劳动强度大，工件质量也因人而异。数控机床就不一样了，做多少个工件都是一个标准，分毫不差。"如今，世界的目光越来越多地聚焦于智能制造，其表现出一股强劲的成长潜力的同时也必将会成为一个新的发展趋势。从过去的"摇摇把"到如今的编程，卫建平从普通钳工一步一个脚印成长为数控达人，对数控技术的应用达到了炉火纯青的地步，除了那份迎难而上的决心，我们看到更多的是他那种无私奉献的精神。卫建平作为"北京大工匠"从未懈怠，忠于职守，不断学习与研究数控技术，同日新月异的世界一道，推陈出新，力行求至。

⊙ 卫建平用卡尺测量工件

第四章　匠人匠心

扫码解锁

◉群英颂歌 ◉力行求至
◉薪火相传 ◉奋斗底色

作为首钢数控技术团队的领军人物，卫建平先生始终坚守并践行着"勇于探索、坚韧不拔、艰苦奋斗、敢于担当、创新领先、勇攀高峰"的首钢精神，在筚路蓝缕的创业历程中，带领团队书写了一座座"数控丰碑"的壮丽篇章。作为创新工作室的灵魂人物，他积极推动并组织各类技能培训、技术研发以及专题攻关活动，矢志不渝地致力于打造一支兼具建设精神、高超技能和创新意识的现代化人才队伍。作为数控专业的卓越教师，面对不同层次的学生，卫建平先生在传授专业知识的同时，更注重培养学生的自主学习能力，将"匠人匠心"的精神融入教学的点点滴滴，以实际行动诠释着这一宝贵的精神内涵。

工作室的建设与成果

2008 年，为了推进数控技术发展与技能人才培养，首钢总公司工会与北京市总工会联合创建的以个人名字命名的工作室——卫建平工作室正在紧锣密鼓地筹备中。通过一年多的学习、交流与总结，工作室解决了诸多基础问题，在进一步完善设施、检验合格后，经北京市总工会和北京市科学技术委员会审核、认定为市级工作室并进行挂牌。2009 年 12 月，作为首批以个人名字命名的 10 家创新工作室之一的"卫建平职工创新工作室"诞生了。

2010 年 8 月 9 日，首钢集团举行了一场引人注目的职工创新工作室现场会。卫建平及其团队是本场会议的焦点，他们集中展示了工作室的建设、取得的成果以及对未来的展望。工作室以推动首钢企业的创新文化为目标，致力于培养适应国家与地区发展需求的高素质人才队伍，以集中优势、增强综合实力，为企业的成长和发展提供助力。在现场会上，卫建平及其团队以实际行动展示了极强的专业能力和对创新的追求。他们以团队为单位，精诚合作，开展了各类创新项目，不断探索解决问题的新途径和新方法。他们的专业和成就令人瞩目，引起了媒体的广泛关注。新华社、北京青年报、北京电视台和北京日报等多家新闻媒体纷纷对卫建平及其工作室进行采访和报道。媒体的宣传不但使卫建平和他的团队成为首钢的一张名片，更向外界展示了他们在创新领域的杰出表现。

随着工作室的建成，一项又一项闪闪发光的荣誉接踵而来。

2012 年，北京市人力资源和社会保障局、北京市财政局组织专家评选出 31 个市级首席技师工作室。卫建平数控车工首席技师工作室位列其中；

2015 年，中国机冶建材工会将其评为"全国机械冶金建材行业示范性创新工作室"；

2017 年，中华全国总工会将其评为"全国示范性劳模和工匠人才创新工作室"；

2018 年，中华人民共和国人力资源和社会保障部将其评为"国

家级技能大师工作室";

2020年,被北京市工会、北京市人力资源和社会保障局评为"数控加工卫建平创新工作室"。

多年来,工作室为企业解决多例技术加工难题,以企业创效、培训职工、名师带徒、成果转化等方式创造了可观的经济效益,大大提高了职工技能水平。

卫建平工作室在最初建设时期将工作重点放在高效加工与新型刀具的推广上,其职能包括:数控工艺方案与卡片的设计和制定、配合工装设计员绘制工装图、绘制数控机床刀具切削轨迹图、选定工件坐标系原点、确定顺逆铣、选定数控操作系统、编制数控加工程序、利用软件校核程序、传输程序、调试数控程序、现场试切复杂及重要的零件首件及跟踪数控加工各工序等。随着工作室的发展与壮大,其职能也扩展至诸多领域:一是前沿领域最新技术的引用与吸收;二是深入工厂一线,攻克技术难题;三是定期开展定向技能集训,对高级技能人才素质、技能等方面进行指导与培训;四是对新技术、新工艺、新方法的学习、研究与推广;五是推广先进经验、开发新项目课题与推进成果转化。能力越大,责任越大,工作室职能范围的扩大是其勇担企业任务、不断攀登技术高峰的体现。

在团队的不断努力下,卫建平职工创新工作室在数控应用技术水平、信息化与计算机仿真加工技术与切削加工等领域都有着突破性的发展。其全自动取料筛分称重机、无进刀槽螺旋类零件

⊙ 卫建平职工创新工作室创新成果及荣誉展示

加工方法、三维仿真配管技术的应用等创新成果展示在首届大国工匠创新交流大会上，成为全场焦点。2002年，首钢薄板坯连铸结晶器铜板的加工项目获得国家"九五"重大装备科技成果一等奖。"在数控立车上加工无进刀槽的双线变螺距螺纹"获得了2008年全国数控机床应用工艺方案征文大赛一等奖。北京市总工会有关负责人评价道：首钢卫建平职工创新工作室开发的数控编程技术，大大提高了加工效率，给企业的发展理念、创新思路、管理制度带来了颠覆性的变革。

卫建平职工创新工作室自创立以来，以首钢这一大平台为依托，致力于服务企业生产制造，完成课题攻关11项，创新最佳操作法13种，实施合理化建议27项，为企业创造经济效益约1150万元。先后实现在刀具激光修复、机器人焊接代替人工焊接等技术上的创新，攻克了在4米数控立车上加工无进刀槽的双线变螺距螺纹、连铸机核心部件扇形段框架的高效加工与信息化及仿真技术在冶金装备高效化加工中的开发与应用等技术难题，更有半体类零件中心快速定位装置和薄壁轴承座孔加工定位装置等成果获得了国家实用新型专利，为企业创造了巨大的经济效益。其中，卫建平研发制造的高端产品试件加工精度可达到0.01毫米，相当于头发丝的1/6，并且进入了冶金、航天、军工、动车等领域的实际应用中。

创新工作室作为工会弘扬劳模精神、工匠精神与推动群众性创新活动的重要载体，在贯彻新发展理念，推动高质量发展，构建新发展格局中发挥了举足轻重的作用。卫建平职工创新工作室在为企业、社会服务的同时，开展了一系列教育活动，将工匠精神的内核渗透到知识传承的过程中，推动了数控技能人才的培养。工作室以高技能人才为支撑，着眼于新的实践与发展，积极发挥团队成员的传、帮、带作用，促进了企业科技进步，提升了企业的经济效益与综合实力。工作室秉持着"以师带徒——人才专项培养，产学结合——校企合作模式，以赛促学——参加各类技能大赛"的理念，依托首钢，植根基层，搭建技术传授平台、自主创新平台与成果展示平台，以最大限度地提升行业技能水平，培养企业所需人才。这一模式培养的技能人才在企业关键岗位上屡次获得各级各类大赛奖项，成为专业领域内的佼佼者。

2018年，工作室在新产品开发和应用方面取得了一些突出成果。一方面与中航智科技有限公司的合作取得了重要进展，成功通过了军用无人机核心部件的上机验收，与该公司正式签署了制造合同；另一方面积极推进智能三轮电动车和便携式路面硬化制块器的样件加工等方面的工作。与科技公司的合作不仅为工作室未来的发展奠定了坚实的基础，更展示了工作室团队在技术创新和产品研发方面的实力和　决心。

工作室虽然可以称得上成果丰硕，但并不满足于此，继续砥砺前行，不断进步。创新工作室是企业发展的"助推器"，更是职工创新的"催化剂"。为了更好地发挥创新工作室的示范引领作用，卫建平格外注重人才队伍建设、制度建设、工作协同，以及创新成果的转化与应用。他认为工作室成功的背后离不开一个强大的团队和科学的管理制度，他以卓越的领导力和对创新的敏锐洞察力，不断推进创新成果在实际应用中取得更大的成功。这种细致入微的工作态度和对创新的持续关注，使卫建平能带领工作室在企业发展中发挥越来越重要的作用。

传承培养，育人筑梦

卫建平不仅接受了 3 年的钳工专业培训，还在计算机应用专业深造 4 年多，他在职业生涯中始终未停下学习的步伐。他积极参与了 30 多本教材的编写，发表了 10 多篇高水平论文，不仅获得了技能人才序列的高级技师职称，还取得了专业技术人才序列的高级工程师职称。在兼具广博知识与卓越实践能力的基础上，卫建平为自己设立了更高的目标——培育出新时代所需的高精尖人才。

1981 年，卫建平开始在首钢技工学校学习钳工专业。这 3 年的学习不仅使他掌握了精湛的钳工技术，而且为他未来的数控之路奠定了坚实的基础，是他个人成长和职业发展的关键时期。2003 年，首钢技工学校进入了快速发展的新时期。为了进一步加强学校管理，突显办学特色，丰富办学内涵，学校开始将数控专

⊙ 首钢技师学院工作室机床工作场地

业的教学纳入培养计划。同年市财政局拨款购进了大量的数控设备，大大推进了学校的基础设施建设。也是从那时候开始，卫建平以外聘老师的身份回归母校，对相关专业的学生进行理论教学与实操训练，将一些生产中的真实产品案例带入课堂。2010年末，卫建平职工创新工作室的建立让卫建平受到启发，在母校也设立了相应的工作站，工作室为企业培养人才的宗旨与首钢技工学校的教学理念相契合，实践与教学相辅相成，卫建平得以在技术教育中发光发热。

常言道：人各有所长。卫建平总是强调，不论何人，皆需依据其所长行事。卫建平认为，这个行业的发展途径主要有两个：一是培养动手能力强、实践经验丰富的人才，鼓励他们提升操作技能，开辟出成为技师或高级技师的道路；二是培养理论知识水平较高的本科生，卫建平会指导他们参与工艺设计，为他们规划成为工程师或高级技师的路线。技校毕业生操作熟练，但理论知识方面有欠缺；大学毕业生虽然学东西快，有知识储备，但需要提高操作技能。学生们只有不停地学习，发挥长处，补齐短板，才能在数控这条路上越走越远。

李建春是卫建平的徒弟，大学毕业后便进入了卫建平职工创新工作室。然而，还未等李建春适应，这位刚进入职场的大学生就被卫建平"平白无故"派到了车间工作，让他从最基础、最简单的装卡与校正学起。李建春虽有不满，但还是带着不服输的劲儿在车间工作了一段时间。直到两个月后，师傅卫建平通知他参与"400毫米板坯连铸机的加工"项目，李建春才返回工作室。李建春接手工作后积极与师傅及团队配合，抓住每个学习的机会，最终顺利完成了项目。经过这次实践，他才明白卫建平让他在车间锻炼的良苦用心。正如卫建平常说的："不熟悉现场，怎么能完成工艺编制？"李建春明白，没有对基础知识的学习便不能参与要求更严格的正式项目。

针对技校毕业生与大学毕业生的不同之处，卫建平在因材施教的同时更重视他们的全面发展。他常常教育徒弟：唯有自觉努力，才能获得真知。希望他们发挥主观能动性，通过自身的勤奋努力，不断学习，不断实践，让理论知识与实践活动紧密结合，为将来成为企业、国家的栋梁之材做好准备。如今，卫建平职工创新工作室已成功培养了一批批具备多技能、高素质的人才，为行业注入了新鲜血液。这些人才除专业技能卓越外，还具有跨学科的综合能力，能够应对复杂多变的工作环境。

2010年，首钢配备的大部分是大中型数控设备，工厂对于中小型产品的加工是心有余而力不足。当时工厂面临着1000件连铸轧机上的水冷板加工任务，任务繁重且工期难以保证，基础设施、资源与工人都极度欠缺，工期仅仅有三个月。每每遇到这样的难题，卫建平总是会先独自思考并吃透工艺流程，继而将工厂的意图简化、细化并呈现出来，再与团队成员分享、商讨。在综合考虑下，他与首钢技工学校的培训主任冉工文老师进行了深入的探讨与研究，最终破格选用7名在校生来完成这批水冷板的加工任务，后

⊙ 卫建平职工创新工作室成员

来的成果证明，这一决定既为学生提供了实践机会，又保质保量地完成了任务。

卫建平游走于机床与学生之间，进行现场教学，教学生如何使用游标卡尺，与学生讨论刀具的选择、参数值以及水冷板的加工工艺，他尽可能在实操中教学，以期提高学生的实践能力与应对风险挑战的能力。在卫建平与7名学生的通力合作下，不到3个月，这批1000件连铸轧机上的水冷板加工项目圆满完成。此项目的成功经验也为几名学生后来顺利进入首钢工作奠定了坚实的基础。卫建平总是提起这段往事，教导学生要对自己负责、对专业负责、对企业负责。他一直遵循这项原则，也希望学生们能担负起改革发展与企业的重任。

卫建平桃李盈门，多年来培养数控技术人才1200余人，其中包括中级工人、高级工人、技师与高级技师等多类型人才。他的学生们师承卫建平的匠心精神，正在诸多技术领域发光发热。

"室风"，一个工作室的灵魂

"千人同心，则得千人之力；万人异心，则无一人之用。"卫建平职工创新工作室是一个整体，成员能汇聚成一股强大的力量，深深扎根生产一线，创新生产方式，攻坚克难，令一项项看似不

⊙ 卫建平职工创新工作室核心理念：精益、协作、创新、高效、诚信、品质

可能完成的任务迎刃而解。其团队成员不仅具备较高的专业素养，更是在卫建平的带领下兼具精益求精的"工匠精神"。

在提及工作室的创建理念时，卫建平首先点明创新意识与创新能力的必要性，同时对工作室及其团队的创新成果也提出一定的质与量的要求。卫建平认为一个优秀的、极具感染力的带头人是建设工作室的关键力量，他需要具备以下六个特质：第一，以技服人，以德服人；第二，赤诚相待，以心相交；第三，做核心力量，创向上能量；第四，育人为本，育德为先；第五，选贤任能，广开才路；第六，政府鼎力相助，团队朝乾夕惕。

国有国风，家有家风，工作室也有其特有的"室风"。卫建平职工创新工作室有力凝聚人心，成为员工灵魂的港湾。"室风"反映了工作室的精神面貌，更浸润着工作室的灵魂气质，落在纸面上就是五则沉甸甸的信条。

一是弘扬劳模精神、工匠精神，提升职业素养。在中国共产党带领中国人民实现建设社会主义现代化强国目标的伟大征程中，劳模与工匠是重要的推动力量。"素质是立身之基，技能是立业之本。"工匠精神是从业者对品质的追求与对创新的探求，是其职业价值的体现。卫建平年轻时认为高技能人才无非需要精湛的技艺与灵活的头脑，但在岁月的沉淀中，他才渐渐明白在此基础上的无私奉献与不懈努力，才是劳模精神与工匠精神的底色，这种精神能够提升个人的职业素养，助推个人成为企业和国家最可靠的力量。

二是传播先进理念，加强自我思想建设。卫建平职工创新工作室的核心理念是在自省自查中提升思想高度，在审时度势中树立大局观，在脚踏实地中加强思想建设。他常化用毛主席的话，激励团队成员：大厂是你们的，也是我们的，但归根结底是你们的，你们是早晨八、九点钟的太阳，希望寄托在你们身上。卫建平一直将学习放在首位，注重对学生思想的培养与建设，教导学生摆正心态，借事炼心，养成良好的学习与工作习惯，也印证了他常挂在嘴边的那句"在工作中每个人都要扮好自己的角色"。

三是传递积极向上的能量，激发工作热情。无论是在学校、工作室还是在工厂，卫建平都以饱满的精神与积极的态度待人接物，这无疑给团队树立了榜样。他认为，传道授业，不仅是知识与技能的教授，更重要的是"心"的教化。这里所说的"心"便是卫建平一直秉持的爱岗敬业精神。他曾语重心长地对徒弟说："爱岗敬业是职业道德的基础，如果一个人对自己的工作与职业有抵触，无法以一种热爱甚至尊敬的态度对待自己的岗位时，那么工作就是一件非常痛苦的事情，我希望你们永远保持初心，在自己的岗位上恪尽职守，勤奋有加。"

四是传授卓绝技艺，促进高质量人才培养。卫建平的各项成果不仅是他卓越工作技能的体现，更是他人生观、价值观等多方面素养的呈现。他认为，在面对问题与困难时要抬头有主意、低头有办法、转身有措施、瞬间有思路。同时，他也总结出了一套学习方法：首先，设定可视化目标，明确自己的内心想法，真抓实干，凝聚继续向前的力量。其次，珍惜资源，走出舒适区，在有限的环境中突破自己，挖掘潜力。再次，掌握科学的工作方法，把握重点，做到统筹兼顾。最后，辩证、客观地看待问题，不受思维定式的影响，学会换位思考，促进自身全面发展。

五是弘扬企业文化，凝聚企业向心力。首钢在百年中不断发展与壮大，从中华人民共和国成立前的实业救国时自强不息的企业精神，到如今创新驱动、转型发展的宏大目标，每个发展阶段都紧跟时代步伐，形成了其深厚且优秀的企业文化。卫建平从首钢出发，在首钢成长。他时刻保持清醒头脑，敢为人先，在首钢精神的感染下更加坚定自己的理想。他与首钢人一道将企业文化根植于心，他们共同创造的斐然成绩成为首钢发展的动力之源。

知责任者，大丈夫之始也；行责任者，大丈夫之终也。卫建平以身作则，一步步树立着自己与企业的形象，同团队成员一起，在"室风"的吹拂下不断前进，使工作室的发展蒸蒸日上。卫建平职工创新工作室在不断发展壮大的同时，为企业注入了强大的动力。工作室共获得 11 项国家实用新型专利、8 项首钢及以上科技成果，真正做到了为企业的建设添砖加瓦。

⊙ 卫建平在创新工作室

第五章　数控种子的播撒

扫码解锁

◉群英颂歌 ◉力行求至
◉薪火相传 ◉奋斗底色

新竹高于旧竹枝，全凭老干来扶持。卫建平以双脚丈量了数控这条道路，培育出"全国技术能手"刘琪、"北京市技术能手"宋军贤等众多杰出的徒弟。他们如同卫建平一样，自小学徒起，逐步蜕变，成为数控领域的佼佼者。他们彼此扶持，青蓝相接，并肩共赴数控之路。

数控的起点：作为学徒的卫建平

18 岁的卫建平怀揣着一纸技校毕业证书，带着满身本领踏入职场。最初，他被派往修理厂，只能在师傅们身后做一些琐碎的小事。

作为学徒，卫建平在师傅的悉心教导下开启了他的职业生涯。这段时间不仅是他精进技能之旅的开端，更是他在行业深耕的最初一步。在师傅的熏陶下，他积累了丰富的知识并习得了精湛的技艺，为日后的发展打下了坚实的基础。卫建平的师傅是 1958 年入厂的资深钳工，他个子不高，小学文化，是班组里的钳工组长。刚进班组，年轻的卫建平有些害羞，与师傅们交流时总是十分紧张。虽然交流时紧张，但每当投入工作，面对严苛的师傅，他却显得异常轻松，这或许是因为他对师傅抱有深深的敬意，更因为不断进步的状态给了他极大的满足感。

卫建平的师傅曾带领一个三人团队，共同负责一项为期一个月的一区大修工作，他们的任务是检修 300 台小型轧机。团队中的 3 人分别是经验丰富的起重工、精通操控钳工技艺的老手，以及初入工厂的卫建平。这次任务不仅仅是例行的平常检修，更是一次对技术实力和团队协作默契度的全面考验。

任务刚开始便迎来了挑战，他们需要先处理设备周围积满的油泥，否则无法直接接触设备，更谈不上进行拆卸。由于设备经过长时间运行，周围的地坑深达半米，油泥与灰尘交织在一起，使清理工作异常艰难。尤其是设备表面附着的油泥，不能使用铁制工具清除，他们只能用木板和纸板，小心翼翼地刮拭，避免在清理过程中损伤设备表面的漆面。清理完后还要再用手推车将清理出的杂物运走。

连续 3 天，卫建平几人都在清理设备周围的油泥，为拆卸工作做好准备。清理完油泥，他们才能拆卸变速机和轧机，再按照图纸上的详细要求，更换损坏的零部件，修复仍可使用的零件，同时需要精确地调整齿轮和轴承的装配间隙，最后进行组装和试车，整个过程大约需耗时 20 天。

为了赶工期，他们每天的工作时间都超过 12 小时。回到家后，疲惫的卫建平甚至没有心思吃饭，直接倒头就睡。虽然工作辛苦，但他觉得每一天都是充实而有意义的，技术的进步使辛苦变得更有意义。有时候，他也希望能够拥有一个固定的工作地点和工作时间，但一想到这个工作可以使自己有机会接触不同的设备，他

⊙ 卫建平（中）给两个徒弟讲述各种展示品中的要点和趣事

的工作热情和信心就更强了。他深知，真正的技艺不仅仅体现在机械操作上，更在于面对各种挑战时能够保持冷静、沉着的心态，在团队协作中共同奋斗，携手共进。

刘琪：能遇到师傅是我运气好

2009 年 7 月，刘琪毕业于北京工贸技师学院，彼时的他还是一个毛头小伙子，面临就业选择，在私企与首钢机械厂中踌躇未决。最后在老师的建议下他选择进入了首钢机械厂。

进入机械厂后，刘琪在首钢"三创"交流会上听到了卫建平新颖的观点，他对卫建平的事迹早有耳闻，这次交流会更加坚定了他在首钢工作的信念。刘琪说，他选择首钢，一方面是老师推荐，另一方面就是卫建平无形中给了他决心。刘琪作为普通车工，在上百件连铸机框架用水冷板加工任务中初露头角，出色地完成了此项任务，在得到同事一致好评的同时，爱才如命的卫建平也向他抛去了橄榄枝。

2010 年，正值卫建平职工创新工作室与首钢技师学院进行厂校合作的开始，急需一名具有熟练操作经验的技师，卫建平想要临时借调刘琪，刘琪想都没想，当即接受了卫建平的邀请。在多次合作中，卫建平看到了刘琪的能力，便将其吸纳为工作室的一员。

也就是在那时，卫建平与刘琪的师徒缘才正式开始。刘琪在后来接受采访时也表示，不仅是工作室同事之间的良好氛围吸引着他，更是师傅的数控水平与好口碑让他心生敬慕，能成为卫建平的徒弟，是他这辈子最幸运的事。

刘琪从师傅那里明白的第一个道理就是脚踏实地。在刘琪的记忆中，师傅总是耐心地教他零件的加工方式，清楚地讲解保证零件形位公差和光洁度的方法。碰上刘琪无法理解的工艺，卫建平也会不厌其烦地一步步为他展示讲解。

因为卫建平是业界有名的"技术大拿"，所以其工作室总被委托加工一些较为复杂的零件，如形状复杂的螺纹、细长管与薄壁件等，都极具挑战性。刘琪犯难的时候偶尔会向卫建平抱怨，但卫建平总是耐心地教导他："这样才能锻炼你的技术水平呢，好干的活儿谁都会，不好干的可不是谁都会。细想起来也是多亏了这些年的难活儿，自己的技术水平才慢慢有了提高。"是啊，有志者事竟成，刘琪在师傅这里得到的第二个人生启迪便是"千磨万击还坚劲，任尔东西南北风"。

通过自己的努力与卫建平的悉心指导，刘琪在高手云集的北京市职工数控技能大赛中脱颖而出，取得了第三名的成绩，并成为一名高级技师。在卫建平眼中，刘琪与自己一样勤奋好学，并且他思维敏捷，总会有很多创新观点。在面对新的图纸与任务时，刘琪总是能将方法、工艺与实际紧密结合，每次都能在保质保量的基础上快速地将零件做出来。卫建平很欣赏刘琪，对这个徒弟

⊙ 卫建平（中）与徒弟们检测试验件

寄予厚望。

　　刘琪最常说的话便是——能遇到师傅是我运气好。

　　刘琪曾接手文丰公司的轴套、轴承盖、导向套等散件的加工工作，年轻气盛的他走马观花地看了一眼图纸，仅仅用 5 天的时间就完成了几百件导向套的加工任务。以为顺利完成任务的刘琪自信满满地将成品递给了厂家，但厂家在进行镀镍工序时发现，镀镍后导向套尺寸超标，孔的位置也打错了方向。刘琪懊悔不已，悔恨自己粗心与自满，好在卫建平及时赶来救场，才顺利完成了文丰公司的这项任务。事后，卫建平语重心长地对刘琪说："不要小看细微的环节，成长就像车工件的成型过程，不把毛刺打磨掉，成不了精品。"成长是对意志的打磨，刘琪一直将此话谨记于心。

　　在加工八字油槽时，刘琪设计了诸多方案，在一遍遍地尝试中找寻最优方法。他咨询了卫建平，表明想用新的方法进行加工，在卫建平的鼓励下，刘琪在反复实验的基础上，采用了其他同事不看好的方案。结果，此方案不仅提升了加工效率，而且还被编入了技工培训教材，作为全国及各省市技能比赛的考题。

　　在刘琪参加比赛遇到瓶颈时，卫建平敏锐地发现了徒弟的心理变化。他的失落、消沉卫建平看在眼里，急在心上。工作结束后，卫建平就拉着刘琪谈心，从自己刚参加工作谈起，说起曾经自己也同样感到力不从心、无所适从，埋怨过，困惑过，也后悔过，但如今走到这里，全都是自己当初坚持的结果。他教导刘琪，参加工作以后，就要成熟稳重一些，不能浮躁。他说："压力这种东西，就看你怎么面对它。扛过去了，你就获得了成长，以后工作就会更从容；被它吓怕了，被它打倒了，你就会一蹶不振，以后也就没有自信面对新挑战了。现在最要紧的事情就是目前的比赛。"经过与卫建平的一次次谈话，刘琪的心也渐渐平静下来，终于可以把所有精力都放在训练上了。卫建平就算在外地出差，也不忘给刘琪打电话，询问他训练的详细情况，并尽可能地为他提供一些适合他的学习方法。备赛期间，刘琪虽然训练辛苦，却也在师傅的关心与照顾下收获很多。刘琪常想，老鹰就是这样一步步把小鹰带上天空的吧？卫建平毫无保留的教学与无微不至的关怀给了刘琪动力，使他学会了坚持，懂得了奉献，学会了如何对待自己的工作。

2015年5月4日，刘琪被评为首钢青年"创新先锋"，他代表自己、代表首钢青年展现了锐意进取、勇于拼搏与敢于创新的精神。刘琪在师傅的鞭策下不断地进步着，从一名普通技工成长为数控加工的高级技师，并先后获得"全国五一劳动奖章""全国技术能手""全国钢铁行业最美青工""首都劳动奖章""河北省优秀农民工"等荣誉，还获得了北京市政府技师特殊津贴。

"迷时师度，悟时自度。"刘琪取得如此优异的成绩离不开师傅的谆谆教导，更离不开个人的努力与拼搏。现如今，刘琪也拥有了属于自己的创新工作室，在数控加工这条道路上越走越远，师傅卫建平就像指路的明灯一直指引着他向前迈进。

宋军贤：遇到师傅成为我人生重要的转折点

2010 年，一个羽翼未丰的小学徒，一个声名远扬的数控达人，本是素不相识的陌生人，却因一场全国性的比赛而结识了，这场比赛、这次相遇改变了宋军贤的职业生涯。

比赛场地内的环境十分嘈杂，卫建平和宋军贤的老师一起走进了宋军贤的视野。卫建平一向是低调、沉稳的，他走到宋军贤身旁，并开始指导他进行一些简单的操作。卫建平深厚的专业知识和经验，让宋军贤深感震撼，意识到自己在技术领域的不足之处，也正是从那一刻起，宋军贤对卫建平开始抱有一种特殊的敬仰之心。

毕业后的宋军贤一直在河北涿州的一个小工厂工作，每天编着简易的程序，单调呆板地按着同一个循环启动键，刻板的模式对于一个年轻人来说是毫无吸引力的，他迫切地想走出自己的舒适区，突破自己，却又无能为力。2011 年 11 月，卫建平去工厂考察，向宋军贤发出了到首钢工作的邀请。宋军贤那时激动地想：卫建平老师看向我，就那样走到了我的面前，他好像懂得我的心思。他记得我、赏识我就已经让我心满意足了，他竟然叫我同他一起工作。宋军贤当然没有丝毫犹豫，欣然前往了那个让他向往的地方。

次年年初，宋军贤踏入了首钢机械厂的大门，开始了新的职业生涯。正如那句老话所说，"火车跑得快，全靠车头带"，刚刚从小厂出来的宋军贤，面对首钢机械厂的高效工作模式，起初确实有些不适应。

初到首钢的宋军贤，满怀热情地制作了一个工件，这个工件尺寸精准，但外观却显得粗糙。他迫不及待地想要向师傅炫耀自己的成果。卫建平接过工件，仔细地端详了许久，然后对宋军贤说："数控加工与传统加工不同，我们不仅要保证工件的尺寸精度，还要注重外观，让它看起来就像一件艺术品。"宋军贤听后，恍然大悟，明白了自己的不足。从那以后，他开始向师傅看齐，不断提升自己的技能水平。

在卫建平的勤教善训与工作团队的引领支持下，宋军贤好学上进，奋发向上，有担当、敢拼搏，形成了愈加严谨的工作态度。经过自身的不懈努力，宋军贤获得了诸多奖项，包括"首都劳动奖章""北京市技术能手""首钢模范共产党员""全国优秀农民工"等荣誉。彼时的他有些志得意满，以为自己已经学会所有的工艺，是一名合格的数控车工了，对已取得的荣誉沾沾自喜，忘记了学无止境的道理。直到一次卫建平用了整整一个下午的时间对徒弟进行编程教学，宋军贤才知道自己与师傅的差距，才明白学习是一个不能间断的过程。那天的课堂上总共有6名学生，师傅讲第一遍时，大家都听得云里雾里的，师傅就又讲解了第二遍，

⊙ 卫建平（中）与徒弟们检测试验件

大家在讨论与交流中开始有所领悟，直到听完第三遍时，大家才茅塞顿开。有个别同学还有不清楚的地方，师傅在课后就专门为他们"开小灶"，直到他们彻底学会为止。

卫建平的所作所为犹如一缕缕清风，吹散了宋军贤心头的浮躁。他不再轻狂，而是脚踏实地，刻苦学习，像师傅一样坚持终身学习的信仰。看到"初生牛犊不怕虎"的小学徒蜕变成成熟稳重的技术人员，卫建平也不吝夸奖，一直鼓励宋军贤勇往直前，勤奋不辍。

薪火相传，数控技术再创辉煌

劳动者的素质对于一个国家、一个民族的发展至关重要。"素质"不仅仅体现在专业水平上，更深刻地显现在每个劳动者的个人品质上。卫建平的数控技能和教学水平在业界是数一数二的，他书架上的奖杯就是最好的证明。他为人真诚，无论面对自己的徒弟、学生还是同行，卫建平都毫不吝啬地将自身所学毫无保留地传授给他们。这种真挚的态度和美好的品质不仅体现了他对工作的热忱，也为他赢得了广泛的尊重和信任，更是他个人品质与素质的真实呈现。

卫建平总是不厌其烦地告诉年轻的同志："获取真本事的唯

⊙ 卫建平（左一）给徒弟讲述工件的运用

一途径就是你自己努力，再合适的温度也不会令'石头孵出小鸡'，你们要通过不断学习和实践，尽快使自己成才。既然选择在大厂公司工作，就要负起你应负的责任，就要担负起共创大厂辉煌未来的重任。"

2014 年，首钢机械厂迁往了河北大厂，即现在的大厂首钢机电有限公司。当时，机械厂一共有 20 多个部门，人员上千人，大多数人是不愿意离开北京的。在职业选择的十字路口，不少人选择了离职，开始在北京重新找寻工作机会，或者转投首钢集团下的其他单位。然而，卫建平所属的数控与刀具开发处的 20 多位同人却选择了全力投入大厂，并成为全厂行动最为迅速、最为积极的一个部门。卫建平回忆起迁厂时的"兵荒马乱"说道："许多人在北京投简历找工作，买断、解除劳动合同，或去首钢其他单位劳务输出，我们处没有一个人走，整体都搬到了大厂，而且是行动最快的一个部门。"这群勇敢的人不仅在面对困境时毫不退

⊙ 卫建平加工的产品

缩，更在团队合作中展现出强大的力量。他们决心共同面对挑战，共同迎接未知的未来。团队将自己的梦想和职业追求与大厂紧密相连。

　　搬迁河北后，年轻职工占到了职工总数的80%以上，大厂机电公司人员结构上下分层比较严重。面临这样的状况，卫建平作为首钢机械厂的"元老"，时时刻刻都在发挥着主心骨的作用。他和工厂的几位老同志进行深入交流："我们不能总嫌他们成长得慢，更不能放弃每一个留在首钢的孩子。他们在公司需要的时候选择了公司，无怨无悔地为首钢贡献自己的力量，我们也应该坚定地选择他们，像对待自己的孩子一样对待他们，细心呵护，悉心培养，除了当好老师，也要尽一份'好父亲'的责任，通过言传身教，培养他们健康的人格，让他们掌握用金钱买不来、换不到的终身受益的专业技能。"卫建平和工厂的几位老同志一道，为了给年轻工人的成长创造一个良好的环境，更加注意自己的一言一行，在言传与身教中，将"躬身力行"这四个字表现得淋漓尽致。

⊙ 卫建平（左一）给年轻人讲图纸

第六章　平凡中的伟大

扫码解锁

◎群英颂歌 ◎力行求至
◎薪火相传 ◎奋斗底色

2019 年 9 月 29 日，习近平总书记在国家勋章和国家荣誉称号颁授仪式上讲道："英雄模范们用行动再次证明，伟大出自平凡，平凡造就伟大。只要有坚定的理想信念、不懈的奋斗精神，脚踏实地把每件平凡的事做好，一切平凡的人都可以获得不平凡的人生，一切平凡的工作都可以创造不平凡的成就。"卫建平便是如此，他立足自身岗位，心系万家灯火，数十年如一日地耕耘着，他用努力践行初心与使命，以奉献诠释责任与担当。

"工匠精神"的诠释

在谈及工匠精神时，卫建平见解独特，他将"工匠精神"分为了 3 个部分。首先是对工作的热爱。"工匠精神"是一种热爱工作的职业精神，工匠的工作不单是为了谋生，更是为了从中获得快乐。他们数十年如一日地追求着职业技能的极致化，缔造了一个又一个的奇迹。其次是创新。创新是推动发展的引擎，它承载着变革的力量。紧抓创新即紧抓发展的脉搏，谋求创新即策划未来的路线图。在卫建平心中，创新不仅是去创造他人未曾见过的全新成果，更是挑战自身极限，去做自己曾认为不可能的事情，这才是真正的突破。最后是展望未来。卫建平始终怀揣着一个宏伟的愿景——通过引导、教育他的徒弟和更多年轻的工匠们，将工匠精神永久传承下去。他志在如"愚公移山"般将这股力量代代相传，以使后来者不断加工出更加高端、高质的产品，令数控技术创造新辉煌。

卫建平在谈及"工匠精神"内涵时也说道："无论从事何种职业，吃苦耐劳是至关重要的品质，因为没有一项工作是可以轻易完成的。"操作数控机床不仅要有出色的手工技能，更需要灵活的思维和精益求精的态度。一位优秀的数控机床工人必须德才兼备，拥有良好个人品质的同时具备丰富的知识储备，要能持续不断地学习和完善自身技能，不能心存享乐之念，畏惧脏、累、苦。匠人们还需要具备坚持不懈的精神，面对困难不退缩，勇于学习并寻求解决问题的方法与答案。能在简单的事上做到精益求精便是专业水准，面对困难的任务能够出类拔萃则彰显出专家水平，必须有匠心才能成为真正的匠人。

走进卫建平工作室，可以看到一柜子的奖状、奖杯，荣誉的背后是不懈的努力与付出。2009年，北京市总工会、北京市科委将"卫建平工作室"纳入首批职工创新工作室；2011年，卫建平获首钢技术带头人、首都市民学习之星、国资委系统优秀共产党员和全国职工职业道德建设先进个人称号；2012年，他被选为北京市第十一次党代会代表，并获得全国五一劳动奖章和首钢劳动模范；2012年11月，卫建平被评为北京市有突出贡献的高技能人才；2013年4月，工作室被中国机冶建材工会评为模范创新工作室；2013年，北京市人力资源和社会保障局授予工作室为"北京市数控

⊙ 技师学院卫建平办公室内的证书照

⊙ 卫建平在"北京大工匠"颁奖现场

车工首席技师工作室"，卫建平被评为北京市有突出贡献的高技能人才；2014年，他获全国百姓学习之星称号；2014年7月，工作室被评为全国钢铁工业先进集体；2015年，卫建平被评为首钢技术专家，工作室被评为全国机械冶金建材系统示范型职工（劳模）创新工作室；2016年，获国务院政府特殊津贴；2017年，卫建平被中华全国总工会评为全国示范性劳模，工作室成为工匠人才创新工作室；2018年，卫建平被评为第一届"北京大工匠"；2018年，他又一次荣获首钢劳动模范；等等。

2020年11月24日，在全国劳动模范和先进工作者表彰大会上，习近平总书记将工匠精神的深刻内涵高度概括为"执着专注、精益求精、一丝不苟、追求卓越"，并强调劳模精神、劳动精神、工匠精神是以爱国主义为核心的民族精神和以改革创新为核心的时代精神的生动体现，是鼓舞全党全国各族人民风雨无阻、勇敢前进的强大精神动力。卫建平作为工匠，始终坚守工匠之魂。他追求卓越，以精益求精的态度对待每一份工作，对细节与质量的关注近乎苛刻。在不懈追求创新的道路上，他不断精进自己的技艺，以提升作品与工艺之境界。同时，他不断地汲取新知、修炼技能，对工作的热情与投入从未减退，为行业的繁荣与发展贡献了自己的力量。

清闲一时与受益一生

2022 年，北方导航科技集团有限公司工会为凝聚企业奋进力量，开展了一场名为"职工素养大讲堂"的活动，并邀请了众多先进劳模讲述自己非同寻常的匠心故事。在《用匠心守初心》的讲座中，卫建平作为主讲，分享了自己从普通钳工到数控大师的经历，并将那些脚踏实地的奋斗时光贯穿人生格言中——"贪图安逸能让你清闲一时，经历苦难会让你受益一生"，这句话激励着现场的每一个人。在经久不息的掌声中，卫建平露出了朴实真诚的笑容，他一路走来，"执着专注、精益求精、一丝不苟、追求卓越"的大国工匠精神无不在他身上闪烁着光芒。

回看卫建平的人生历程，他的生活一刻都没有与"清闲"挂钩过，他的工种在不断变化，他的眼界也变得更加开阔。卫建平常常反思并不间断地进行创新与改革，他当年的判断"冶金机械行业产品结构、生产技术已经全然改变了，过去口传身授的技能传承方式已经不再适合如今的教学，单纯靠钻研手艺并重视经验积累，忽视系统改进及不改变工作习惯的管理方式，也真的需要变革了"，如今已然成为现实。

"干了这行就要不忘初心，一直坚持。"卫建平不仅一如既往地热爱着他的职业，对培育自己的企业也忠贞不移。加工几何形状复杂的高炉封口外套这一项目打响了卫建平在数控行业的"第一枪"，此后，他在业内声名远扬。随着卫建平的专业水平越来越高，越来越多的企业与院校也看到了他的能力，登门拜访他的人络绎不绝，有些单位愿意提供高福利、高待遇，有些单位想聘用他当专家、做教授……种种诱惑摆在卫建平面前，说不动心那是假的，但是他舍不得那片为他提供舞台的热土。"心心在一艺，其艺必工；心心在一职，其职必举。"他感恩怀德，坚守着对首钢那份纯真的热爱。就这样，他拒绝了一个又一个"诱惑"，深耕于自己的专业领域，演绎着千百年来中华民族匠人的传奇故事。

多年来，卫建平主编和参编了十几本中级工、高级工、技师和高级技师数控类实用教材，引起数控机床技术领域和相关部门的高度关注；他成为冶金设备制造高级工程师、数控车工高级技师、数控加工中心操作工技师，并担任全国数控专业委员会委员、全国数控设备用户协会理事、全国数控刀具和工具协会理事、全国和北京市数控类技能大赛高级裁判员、北京市数控车工高级考评员和督导员，将自己的专业技能辐射到更广泛的领域。

2020年，在首钢、北京市总工会的推荐下，卫建平凭借自己过硬的技术本领，在层层考察与选拔中荣获"中国质量工匠"（全国质量奖个人奖）称号。全国质量奖是经党中央、国务院同意，由中国质量协会负责承办，表彰在实施质量强国战略中作出突出贡献的组织、项目和个人的奖项，被誉为中国质量界的"奥斯卡"。该奖项每两年评选一次，这是对作出杰出贡献的个人和在本职岗位践行工匠精神的个人授予的在质量方面的最高荣誉。全国质量奖（个人奖）历经多年规范化运作与发展，如今已是与美国波多里奇国家质量奖、EFQM 卓越奖（原欧洲质量奖）和日本戴明奖齐名的全球四大质量奖项之一，可见其含金量之高。卫建平获得这一奖项，是对他多年来在工作态度上精益求精、在"质量"上"严防死守"的最大认可。

"社会主义是干出来的，新时代是奋斗出来的。"贪图安逸可能会暂时享受舒适，但却不能激发出个人的潜力和创造力。相比

⊙ "中国质量工匠"（全国质量奖个人奖）荣誉证书

⊙ 卫建平在北京大工匠比赛中

之下，卫建平认为直面生活中的困难和挑战，才能真正发挥出拼搏与奋斗的力量。简单的事做好了才是行家，困难的事做好了就是专家。工匠精神强调的是通过努力和奉献来创造价值和意义，它不仅仅是一种工作态度，更是一种生活态度，是一种对自己和生活负责任的态度。在追求卓越的道路上，卫建平有匠心做匠人，为数控事业持续高质量发展提供了源源不断的匠人力量。

和 0.01 毫米的误差较量

干一行、爱一行，专一行、精一行。在数控加工的过程中，小到刀具的调整、机床的稳定、装夹是否牢固、工装设计是否合理，大到程序的编写与工人的操作，都容不得丝毫误差存在。任何微毫的失误都会造成撞刀事故，导致工件报废、机床损坏等，因此，卫建平常说："很多人都认为工人是干力气活儿的，其实我们做的每一个工件，都是在和 0.01 毫米的误差较量。"他不仅在言语上强调精密加工的重要性，在实践中，他也一直秉持着"质量必须摆在第一位，这是最终的底线"的原则，将追求"精准度"贯彻到底。

在接到薄板坯连铸机结晶器铜板的加工任务时，身经百战的卫建平看到图纸也惊呼："天啊，见过难干的活儿，没见过如此复杂的活儿！"的确，这件极其复杂的机加工件重达 1 吨，楔形外观下有着诸多深孔，在半圆型的空间曲面与沟槽中工作已经是难上加难了，还要在此基础上加工 32 个 25 毫米宽的不规则槽。他常将这次高难度任务作为案例告诫学生工作时专注与一丝不苟的重要性："尤其是直径 9 毫米、深 690 毫米的小孔，仅靠计算机技术还不行，力学、金属学、刀具参数、车工技术等各方面知识都得有，因为孔又细又深，震动稍大，钻头就会折在里面。"

2018 年，卫建平参加了第一届北京大工匠比赛，一路过关斩将地进入了决赛，52 岁的卫建平在面对年轻而强大的对手时，丝毫没有露怯，通过精密打造，在制造程序设定与工艺路线选取方面占据了上风，最终以 0.2 分的优势打败了曾经获得全国前三名的年轻选手，荣获第一届北京大工匠称号。"比赛，考的是精准度。"卫建平在讲述起那次数控机床加工比赛时向学生强调。比赛的项目是制作打气筒，规定需在 3 小时内完成打气筒的设计、制造、组装与使用。其实，对于选手来说机械制作是很容易的，但此次比赛的难度就在于对气缸和活塞精度的把握，气缸的精度误差范围必须控制在 0—0.016 毫米。打个比方，一根标准的头发丝差不多是 0.06 毫米，此次比赛制作的活塞直径为 24 毫米，要想将误差控制在 0—0.016 毫米，其差值甚至是头发丝的 1/3 左右。这样的误差常人或许无法想象，卫建平却可以控制住，他的高超技艺也就不言而喻了。

卫建平最开始与数控技能比赛、技能工作进行"较量"，肇

⊙ 卫建平在北京大工匠比赛车削工件

始于 2004 年——卫建平首次担任第一届全国数控技能大赛裁判。这种毫厘之间的"较量"，不仅是对自己专业水平的考验，更是对参赛选手们负责。作为数控大赛的裁判，卫建平更加严谨，小到零件清洗，调整轴承座、电机座，丝杠螺母座、滚珠丝杠副的安装，大到系统参数、PNC 用户参数、轴参数、伺服参数的设置，每一个项目他都一点不含糊。此后，卫建平担任北京队的技术总教练，带队参加全国比赛，获得了九个单项冠军、两个团体冠军，并多次获北京市优秀教练员称号。

卫建平始终坚守着"执着专注、精益求精、一丝不苟、追求卓越"的原则。他对每一个细节都极其谨慎，绝不马虎应付。他的专注力让他能够在工作中完美地掌控每一个步骤，保证作品的高质量。他用心投入每一次工作，追求卓越成为他对自己永远的要求。在岁月的长河中，卫建平用决心和毅力谱写了一段壮丽的人生乐章。他从一个平凡而普通的钳工起步，经过数年的不懈努力，终于蜕变为令人钦佩的数控大师。他所展示的工匠精神高扬于他的人生追求之旗上，精湛的专业技能和独特的艺术触觉交织出他独一无二的成功图谱。在成长的道路上，他也逐渐意识到，数控机床操作不仅是一项工作，更是一门艺术。他把每一道程序都视为一种艺术雕刻，每一个操作目标都是为了将杰作完美呈现。他通过不断地实践和探索，磨砺自己的技艺。他的工作不再只是简单地操作机床，而是将自己的心血和创造力融入其中，把技术臻于艺术，创造出精湛的作品。

⊙ 卫建平在北京大工匠比赛现场

⊙ 卫建平历年获得的荣誉

"不断追求极致的品质"是卫建平对工匠精神的理解。"偏毫厘不敢安，千万锤成一器"，正是这种精益求精的品质，成就了卫建平这位数控达人。他聚焦于复杂生产体系中的每一个环节，从一个个冰冷工具的打磨，到精确到毫米的工艺，他在小学问中铸造了大成果，这又何尝不是平凡中的伟大呢？

学习，一直在路上

"我经常告诉徒弟永远不要满足于现状，不进则退。"卫建平用自己的经历向人们讲述着学无止境、勤则可达的人生道理。1989年，卫建平在专升本考试中，获得了北京科技大学的录取通知书，两年后取得了机械设计专业的本科毕业证书和工学学士学位；1986年9月，卫建平在首钢职工业余大学"计算机与应用"专业，开始了为期4年的学习；在面临加工几何形状复杂的高炉封口外套时，卫建平看到不熟悉的编程后二话没说，对照着使用手册自学，一个字符一个字符地学习编写程序，经过三天三夜的高强度研究与工作，最终解决了这一项复杂的技术难题……

40岁之前，卫建平的生活里除了工作就是学习。在工厂痴迷钻研技术，每天下班之后，又在夜校醉心学习，从不缺勤。"每一个人都是有追求的，只是我们追求目标的方式不同而已，对于我来说，对技术的渴望是我最大的动力，能够驾驭先进的技术，能够做自己喜欢的事情，就是我的目标和追求，因此再苦再累也心甘情愿。想要跟上时代的发展，就需要学习新的知识，增加自己的知识储备，所以，那时虽然工作辛苦，也要坚持学习。"卫建平始终认为，学习和工作是无法分离的，学习是为了更好地工作，每一件事都要力求做到完美。也正是坚持学习，才使卫建平在之后的工作中拥有超越常人的勇气与能力。很多人不理解学习本专业外的知识有什么用，"偏安一隅"多么轻松，而卫建平的例子便足以证明，学与不学的区别就在于机会只会留给有准备的人，那些难攻关的技术不是恰好被卫建平解决了，而是它们必然会遇到像卫建平这样的时刻做好准备的人。

卫建平不仅自己从未停止学习的脚步，在对徒弟的教育上，他也严格要求他们树立"终身学习"的观念。初入职场的孔凡威，和其他新学徒一样，对首钢充满了向往之情。在参加完入厂安全培训之后，他兴致勃勃地走到了师傅卫建平面前，想象着师傅即将带领他学习高难度的数控技术。可是，卫建平却将其安排在工厂内部，跟着机床操作工干着最基础、最"没意思"的活儿。孔凡威打着闷葫芦，一边摆弄着机械，一边想"明明是奔着师傅来学习数控编程的，怎么如今却在工厂的角落里做着操作工的活计"。但是，就是在孔凡威眼里"没意思"的活儿，也时常让他犯难。有一天，孔凡威像往常一样在自己的工位上工作，正为一个零件的加工犯愁时，卫建平走到了他身旁。孔凡威向师傅打了招呼便继续埋头琢磨这个小零件。卫建平问他："小孔呀，你这愁眉苦脸的做什么呢？是遇到什么难题了吗？"孔凡威把遇到的困难和师傅说了，卫建平听后，耐心地为他剖析了解决的方法，引导他认识到思考与学习的重要性。卫建平见他敏而好学，是块好材料，临走时便千叮咛万嘱咐，让他放平心态，要在所处的环境中好好领悟。被师傅一眼看穿自己的心思，孔凡威不好意思地摸了摸头，从心底里佩服师傅。之后，孔凡威遇到类似的加工问题时，便会不断钻研、学习，逐渐有所突破。在一年的机床工作打磨下，孔凡威已经可以独立并熟练地操作机床了，成为厂里数一数二的机床操作工。没过多久，卫建平就将孔凡威调回创新工作室，这时候，孔凡威才明白师傅大费周章地将自己"扔"在工厂里，原来是希望自己能够在实践中深入学习知识，锻炼自己独立思考与解决问题的能力。如今，孔凡威成为创新工作室的一员已经十余年，他一直以师傅为榜样，勤学苦练，勇于创新。

教育部、人力资源和社会保障部、工业和信息化部联合发布的《制造业人才发展规划指南》预测，到 2025 年，高档数控机床和机器人有关领域人才缺口将达 450 万，人才需求量也必定会在智能制造不断深化中变得更大。在科学技术迅猛发展的新时代，像卫建平这样既有理论知识又懂实际操作的人，正是社会急需的人才。卫建平也坦言："我虽是一个技校生，却走了两条路线：操作方面是从初级工到数控车工高级技师；技术职称方面是通过一步步考试，从技术员、助理工程师、数控编程工程师和机械制造工程师，再到冶金设备制造高级工程师。"的确，卫建平走出了一条不寻常的道路，在那个时代，很少有技校生可以拥有几个学历，但他仍不满足，并且一直在学习与进步。

卫建平在谈及学习的重要性时说道："1988年7月，我大学毕业后踏上了首钢机械厂三金工车间的轮岗实习之旅。岁月流转，如今我已经取得了一些成就，成功成为一名数控专家。年轻时，我只是渴望学习更多知识，然而，随着时间的推移，我深刻认识到知识的力量和学习的艰辛。正如我的师傅所言，只有不懈学习才能改变命运。"卫建平担任领导岗位后，便积极鼓励团队成员投身学海。在成员面临学业与工作的抉择时，他坚定学习优先，即便这可能会牺牲工作时间，他也毫不犹豫地给予成员支持。卫建平更邀请北京的专家亲自给团队成员授课。在卫建平的引领下，团队涌现出一批获得全国五一劳动奖章和首都劳动奖章的杰出人才。他的团队中学习之风盛行，为每个人的事业发提供广袤的天地。

在奋斗中践行社会主义核心价值观

2019年8月20日，北京市丰台区总工会组织区属市级以上先进劳模前往劳模博物园参加"奋进新时代、展示新风采"主题培训。

结合个人成长经历,卫建平声情并茂地讲述了如何在奋斗中践行社会主义核心价值观。

卫建平谈道:"一个国家的繁荣,离不开人民的奋斗;一个民族的强盛,离不开精神的支撑。民族精神是一个民族赖以长久生存的灵魂,坚强的民族精神,是一个民族在历史的洪流中屹立不倒、奋勇向前的中流砥柱。精神可以变物质,精神的力量可以转化为物质的力量。强大的精神力量不仅可以促进物质力量的发展,而且可以使一定的物质力量发挥出更好、更大的作用。"

首先,卫建平简明扼要地描述了自己在年幼时就具有自立、自觉和专注的性格特点,这些品质成为他成长过程中不可或缺的性格底色。其次,卫建平将故事的重点转移到了他从事工作后的变化以及创建工作室的经历上。在这个过程中,他不仅展现了自己不断进取的学习态度,还阐明了加强修养和完善自我的方法论。最后,卫建平将他的个人成长经历与当代时代背景相结合。通过反思过去的经历和展望未来的发展,他呼吁大家成为社会主义核心价值观的坚定信仰者、积极传播者和模范践行者。他强调,要与时代保持同步,要以社会主义核心价值观为引领,为社会的进步和发展作出自己的贡献。卫建平说:"这个崭新的时代充满着希望和无限可能。首先,身为个体,我们应时刻以充沛的热情与健康的体魄,去迎接即将到来的明天和未来,将所学到的知识充分融入工作实践中,以积极的态度积累更多的工作经验。其次,我深知个人的卓越并不能与团队的集体力量相媲美,我一直在践行着传授技艺,帮助团队成员共同提升,带领团队成员共同前进的理念。在团队中，每个成员都应聚焦于展现最专业的一面，集中精力追求共同的愿景，为团队作出贡献，实现每个个体的成就，最终推动企业的可持续发展。"

图1

同时，卫建平着重讲道："作为一个生产制造型企业，技术革新决定了生产成本和制造效率。在新常态下，党员应该起到模范带头作用，发挥专业优势和特长，在实际生产项目中为企业解决问题。"卫建平在总结工作过程时提到了他面临过的一些挑战，包括加工几何形状复杂的高炉封口外套、薄板坯连铸机结晶器铜板以及在4米数控立车上加工螺纹等。这些真实的案例和取得的成果，展现了他攻坚克难的决心和热情，为企业发展努力，他从未退缩。他以实际行动充分展现了对企业的热爱和责任，始终勇敢地面对困难并迎难而上，为企业解决了问题并取得了积极的成果。另一方面，他以JF2016-C-002管片模具项目的加工为案例,用图片的形式,生动地讲述了团队的奋进过程。"侧模型腔大面上有4个凸台（如图1），存在非

图2

图3

常大的加工难度。"在接手任务之初，卫建平团队初步的层切加工方案虽能解决问题，但是效率极低，零件的单工序加工就需要14个小时之久，根本不能保证产品的工期。卫建平成立的项目攻坚小组利用现有的加工能力及专业能力，自主设计并制作了如图2所示的定角度焊接刀具。利用此刀具加工零件，单工序加工的时间仅需2.5小时，极大地提高了工作效率，为企业解决了实实在在的问题。

卫建平在团队中发挥着中国共产党党员的先锋模范作用，在奋斗中践行着社会主义核心价值观。共产党员应该有共产党员的样子，平常时候看得出去、这关键时刻站得出来、危急关头豁得出来，这才是真正的共产党员。卫建平讲述了刀具改革的案例，在刀具的重复利用上，需要着重考虑刀具的刃磨与修复方式，党员刘琪、赵梓义和积极分子刘宗铭同志充分考虑企业的成本问题，为了减少浪费，他们开拓创新，共同设计了一个刀柄过渡套（图3），以便对刀具进行反复使用。

卫建平讲道："当前大厂机电公司正处于全面转型的关键时期，已经明确的改革发展目标能否落到实处、取得实效，关键要看党员领导干部如何作为。广大党员干部只有敢于担当、勇于作为，聚集务实高效、干事创业的正能量，以一种等不起、慢不得、坐不住的激情和干劲，珍惜组织为自己搭建的平台，这样才能经得起历史和职工的检验。"

习近平总书记指出："我们要建设的社会主义现代化强国，

不仅要在物质上强，更要在精神上强。精神上强，才是更持久、更深沉、更有力量的。"从"零起点"到数控达人，从"摇摇把"到编程序，卫建平从业几十年，从一名普通的钳工蜕变成了数控机床上的"雕刻师"。他一直保持着对学习的执着和热爱，他相信，通过不断的学习与提升，就能够获得真正的专业技能。他以书为友，从书中汲取知识，从未停止学习的脚步，不断丰富自己的文化底蕴和理论素养。他深知，只有掌握了文化知识，才能够在实践中更好地应用和创新。

卫建平的事迹或许能成为我们心灵的钥匙，开启无限的创造潜能之门。他以自身的经历告诉我们，伟大并非一蹴而就，而是需要在无数个平凡日子里耕耘、积累。他的故事犹如一部绚烂的诗篇，激励着我们不断雕琢自己的人生。在社会主义现代化建设的舞台上，我们要毫不畏惧地面对挑战，以独特的风采勇往直前。